KOLEM SVĚTA VE 100 MISKÁCH RÝŽE

Ochutnejte rozmanitost světa, 1 miska najednou, s inspirovanými recepty ze všech koutů světa

Aneta Richterová

OBSAH

ÚVOD

Vítejte v "KOLEM SVĚTA VE 100 MISKÁCH RÝŽE", kulinářské cestě, která slibuje, že potrápí vaše chuťové pohárky a přenese vás do exotických destinací prostřednictvím kouzla jídla. Rýže, základní surovina, kterou si užívají kultury po celém světě, slouží jako základ pro řadu lahodných pokrmů, které odrážejí rozmanité chutě a tradice různých zemí.

V této knize se pustíte do ochuceného dobrodružství, které oslavuje bohatou tapisérii světové kuchyně, vždy 1 misku rýže. Od rušných ulic Tokia po pulzující trhy v Marrákeši je každý recept inspirován jedinečným kulinářským dědictvím příslušného regionu a nabízí pohled do kulturních tradic a kulinářských technik, které definují každou destinaci.

Připravte se na kulinářskou cestu jako žádná jiná a prozkoumejte živé chutě Asie, odvážné koření Středního východu, uklidňující klasiku Evropy a ohnivá oblíbená jídla Latinské Ameriky. Ať už máte chuť na uklidňující misku rizota, pikantní thajské kari nebo voňavé biryani, „KOLEM SVĚTA VE 100 MISKÁCH RÝŽE" má pro každého něco1.

Přidejte se k nám, když cestujeme po světě univerzálním jazykem jídla a oslavujeme rozmanitost chutí, přísad a stylů vaření, díky kterým je každá kuchyně jedinečná. Díky snadno pochopitelným receptům, užitečným tipům a úžasným fotografiím, které zachycují podstatu každého jídla, je tato kniha vaším pasem ke kulinářskému dobrodružství.

Popadněte tedy hůlky, vidličku nebo lžíci a připravte se na cestu chutí, která rozšíří vaše patro a inspiruje vaši kulinářskou kreativitu. Od známého pohodlí domova až po exotické chutě vzdálených zemí, "KOLEM SVĚTA VE 100 MISKÁCH RÝŽE" vás zve ochutnat rozmanitost světa, 1 misku najednou.

JAPONSKÉ RÝŽOVÉ MISKY

1.Miska na rýži Tempura s houbami

SLOŽENÍ:

- 1 libra mražené houbové tempury
- 2 šálky hnědé rýže
- 1 šálek oleje na vaření
- 1 šálek omáčky tempura
- 2 šálky vody
- Sůl podle chuti
- Černý pepř podle chuti

INSTRUKCE:

1. Vezměte si pánev.
2. Přidejte vodu do pánve.
3. Přidejte hnědou rýži a dobře vařte asi deset minut.
4. Rozpalte pánev.
5. Do pánve přidejte olej.
6. Vařte zmrazenou tempuru do zlatova.
7. Pokrm, když d1.
8. Přidejte hnědou rýži do misky.
9. Navrch přidejte připravenou tempuru a omáčku tempura.
10. Vaše jídlo je připraveno k podávání.

2.Miska s cuketou a marinovanou okurkou

SLOŽENÍ:

- 1 šálek vařených kousků cukety
- 1 nakrájená marinovaná okurka
- 2 šálky hnědé rýže
- 1 šálek pikantní majonézy
- 1 šálek okurky
- 2 lžíce nakládaného zázvoru
- 1 lžíce rýžového octa
- 1 lžíce sezamových semínek
- 2 šálky vody
- Sůl podle chuti
- Černý pepř podle chuti
- 2 lžíce sojové omáčky
- 1 lžička prolisovaného česneku

INSTRUKCE:

1. Vezměte si pánev.
2. Přidejte vodu do pánve.
3. Přidejte hnědou rýži a dobře vařte asi deset minut.
4. Přidejte zbytek ingrediencí do mísy.
5. Ingredience dobře promíchejte.
6. Přidejte hnědou rýži do misky.
7. Navrch přidejte zeleninu.
8. Navrch pokapejte připravenou omáčkou.
9. Vaše jídlo je připraveno k podávání.

3.Hovězí steak Donburi Bowl

SLOŽENÍ:

- 2 lžičky rýžového vína
- 1 lžička moučkového cukru
- 1/4 lžičky mirinové pasty
- Černý pepř
- Sůl
- 1 lžíce nasekaného zázvoru
- 1 polévková lžíce světlé sójové omáčky
- 1/2 šálku najemno nakrájené jarní cibulky
- 2 lžičky sezamového oleje
- 4 lžičky tmavé sójové omáčky
- 2 šálky kousků hovězího steaku
- 2 šálky rýže
- 2 šálky vody

INSTRUKCE:

1. Vezměte si velkou pánev.
2. Na pánvi rozehřejte olej a přidejte do něj kousky hovězího steaku.
3. Vařte, dokud nebudou křupavé a zlatavě hnědé barvy.
4. Do pánve přidejte nakrájený zázvor.
5. Přidejte do pánve rýžové víno.
6. Směs dobře vařte asi deset minut, dokud se neopečou.
7. Do pánve přidejte moučkový cukr, mirinovou pastu, tmavou sójovou omáčku, ústřicovou omáčku, světlou sójovou omáčku, černý pepř a sůl.
8. Ingredience dobře vařte asi patnáct minut.
9. Vezměte rendlík.
10. Přidejte vodu do pánve.
11. Přidejte rýži a dobře vařte asi deset minut.
12. Přidejte rýži do misek.
13. Navrch přidejte uvařenou směs.
14. Vaše jídlo je připraveno k podávání.

4.Ikura Don Bowl

SLOŽENÍ:

- 1 šálek eidamu
- 1 nakrájená mrkev
- 2 šálky rýže
- 2 šálky nakrájeného avokáda
- 1 šálek pikantní omáčky sriracha
- 1 šálek okurky
- 2 lžíce mirinu
- 1 šálek ikura don
- 2 lžíce zázvoru
- 1 šálek nastrouhaných plátků nori
- 1 lžíce rýžového octa
- 2 šálky vody
- Sůl podle chuti
- Černý pepř podle chuti
- 2 lžíce světlé sójové omáčky
- 2 lžíce tmavé sójové omáčky
- 1 lžička prolisovaného česneku

INSTRUKCE:

1. Vezměte si pánev.
2. Přidejte vodu do pánve.
3. Přidejte rýži a dobře vařte asi deset minut.
4. Přidejte zbytek ingrediencí do mísy.
5. Ingredience dobře promíchejte.
6. Přidejte hnědou rýži do misky.
7. Navrch přidejte zeleninu a ikuru.
8. Navrch pokapejte připravenou omáčkou.
9. Vaše jídlo je připraveno k podávání.

5.Japonská vepřová kotleta mísa

SLOŽENÍ:
- 2 šálky rýže
- 1 šálek wasabi
- 1 polévková lžíce japonského koření
- 1 lžíce sezamových semínek
- 1 šálek mletého vepřového masa
- 2 lžíce kukuřičného škrobu
- 1/2 šálku strouhanky
- 2 šálky vody
- Sůl podle chuti
- Černý pepř podle chuti
- 1 šálek oleje na vaření
- 1 polévková lžíce sojové omáčky

INSTRUKCE:
1. Vezměte si pánev.
2. Přidejte vodu do pánve.
3. Přidejte rýži a dobře vařte asi deset minut.
4. Vezměte misku.
5. Přidejte do něj japonské koření, vepřové maso a kukuřičný škrob.
6. Dobře promíchejte a vytvořte 2 velké kotlety.
7. Obalte ho ve strouhance.
8. Řízky opékejte asi deset minut.
9. Ingredience dobře promíchejte.
10. Přidejte hnědou rýži do misky.
11. Přidejte řízky na rýži.
12. Navrch přidejte zbytek ingrediencí.
13. Vaše jídlo je připraveno k podávání.

6.miska na rýži

SLOŽENÍ:

- 2 šálky nakrájené jarní cibulky
- 1 polévková lžíce mirinu
- 2 šálky hnědé rýže
- 2 lžíce worcesterské omáčky
- 1 polévková lžíce oleje na vaření
- 1 šálek tahini omáčky
- 2 šálky vody
- Sůl podle chuti
- Černý pepř podle chuti
- 2 lžíce sojové omáčky
- 1 lžička cukru
- 1 lžička prolisovaného česneku

INSTRUKCE:

1. Vezměte rendlík.
2. Přidejte vodu do pánve.
3. Přidejte hnědou rýži a dobře vařte asi deset minut.
4. Do mísy přidejte zbytek sušených surovin.
5. Ingredience dobře promíchejte.
6. Rozpalte pánev.
7. Přidejte na pánev jarní cibulku.
8. Cibulku dobře uvařte.
9. Podávejte, když d1.
10. Přidejte hnědou rýži do misky.
11. Navrch přidejte jarní cibulku.
12. Vaše jídlo je připraveno k podávání.

7.Okurka Sunomono

SLOŽENÍ:

- 1 lžička soli
- 1 ½ lžičky kořene zázvoru
- ⅓ šálku rýžového octa
- 4 lžičky bílého cukru
- 2 velké okurky, oloupané

INSTRUKCE:

1. Okurky by měly být rozděleny na 1/2 podélně a všechna velká semínka by měla být vydlabána.
2. Nakrájejte příčně na velmi malé kousky.
3. Smíchejte ocet, škrob, sůl a koření v mělkém šálku. Dobře promíchejte.
4. Do šálku vložte okurky a krouživým pohybem je rovnoměrně zalijte roztokem.
5. Před konzumací nechte okurkovou misku alespoň 1 hodinu vychladit.

8.Tofu Hiyayakko

SLOŽENÍ:

- 1 špetka bonito hoblin
- 1 špetka pražených sezamových semínek
- 1 ½ lžičky čerstvého kořene zázvoru
- ¼ lžičky zelené cibule
- 1 lžíce sójové omáčky
- ½ lžičky vody
- ¼ (12 uncí) balení hedvábného tofu
- ½ lžičky granulí dashi
- 1 lžička bílého cukru

INSTRUKCE:

1. V mělké misce smíchejte cukr, dashi granule, sójovou omáčku a vodu, když je cukr rozpuštěný.

2. Na misku dejte tofu a zasypte zelenou cibulkou, zázvorem a granulemi bonito.

3. Nasypte sojovou směs a posypte sezamovými semínky.

9.Japonská miska na snídaňovou kaši

SLOŽENÍ:

- 20 g tuhého
- Voda pro požadovanou konzistenci
- 1 polévková lžíce nutričního droždí
- ¼ malého avokáda
- 20 g kulaté hnědé rýže (suché)
- 1 list nori, nastrouhaný
- 1 lžička miso pasty
- ½ šálku nakrájeného pórku
- 20 g ovesných vloček

NA OBLOŽENÍ

- sezamová semínka
- Paprikový prášek

INSTRUKCE:

1. Začněte scezením hnědé rýže. Umyjte a vyčistěte.

2. Nakrouhané ovesné vločky dejte ráno před přípravou kaše do mělkého rendlíku, poté přidejte jen tolik horké vody, aby se naplnily. Stačí dát stranou.

3. Papíry nori můžete roztrhat dlaněmi nebo je rozřezat noži.

4. Poté vařte namočenou rýži a nakrájený pórek ve vodní pánvi o pokojové teplotě, dokud není rýže hotová, asi deset minut.

5. Vypněte topení. Poté vmícháme namočené ovesné vločky a zalijeme vhodnou vroucí vodou.

6. Pak smíchejte trochu tekutiny s miso pastou a zaměňte věci s roztrhaným papírem nori a nutričním droždím do směsi.

7. Pokud je to nutné, znovu přidejte trochu vody.

10.Japonské hovězí Tataki Rolls

SLOŽENÍ:

- 2 lžičky sezamových semínek
- Velký svazek koriandru
- 1 zelená
- 2 červené chilli papričky
- ¼ napa zelí
- 1 mrkev
- 1 lb. hovězí filet
- 1 lžíce sezamového oleje
- 1 lžička cukru
- 4 lžíce sójové omáčky
- 1 lžíce neutrálního oleje

INSTRUKCE:

1. Zahřejte nepřilnavou nebo plechovou pánev na střední teplotu, dokud se z ní nekouří.

2. Hovězí filet opékejte 40 sekund z každé strany poté, co jej potřete neutrálním sprejem.

3.V malém šálku smíchejte sezamový olej, sójovou omáčku, glukózu a šlehejte, dokud se cukr nerozpustí.

4.Na maso přendejte 2 lžíce koření a potřete.

5. Zbývající zálivku si nechte na den.

6. Po zabalení do lepicí pásky maso chlaďte alespoň hodinu.

7. Napa salát, zelí, jarní cibulku a červené chilli nakrájejte na tenké plátky.

8. Hovězí maso nakrájejte najemno a doprostřed položte porci každé zeleniny.

9. Před jemným srolováním posypte každý váleček trochou potahu.

10.Podávejte horké se sezamovými semínky.

11.Palačinky Dorayaki

SLOŽENÍ:

- Rostlinný olej
- ½ šálku pasty z červených fazolí
- 2 lžíce mirinu nebo javorového sirupu
- ¼ lžičky sójové omáčky
- ½ hrnku prosáté koláčové mouky
- 2 lžičky prášku do pečiva
- ⅓ šálku sójového mléka
- 2 lžíce moučkového cukru

INSTRUKCE:

1. Ve velkém šálku smíchejte mouku, moučkový cukr a kukuřičný škrob.
2. Přidejte javorový sirup, sójové mléko a sójovou omáčku do jiného pokrmu.
3. Chcete-li vytvořit lahodnou směs, vložte sušenou směs do mokré 1 a promíchejte.
4. Nemá být tak hustý, ale měl by být dostatečně malý, aby se dal nalít. Deset minut nechte vše uležet.
5. Do nepřilnavé pánve nebo hrnce nalijte toto malé množství oleje a zahřejte na mírném plameni.
6. Pro rovnoměrné rozptýlení oleje použijte ručník. Chcete jen to nejmenší množství, které pomůže zastínit palačinky, ale nepřilne k nim.
7. Snižte teplotu na střední a nasypte asi 2 polévkové lžíce těsta do nejideálnějšího kola, jak ho najdete na nepřilnavé desce.
8. Musíte jich mít přibližně stejný počet.
9. Zhruba 2 minuty nejprve zahřívejte, na okraji by mohly stoupat bublinky a strany se velmi snadno uvaří.
10. Ještě asi 1 minutu otočte a zahřívejte na druhé straně.
11. Nechte své koláče několik minut vychladnout a poté do každého z nich přidejte kopeček Anko, fazolové pasty.
12. Chcete-li vyrobit Dorayaki, zakryjte ho croissantem a naskládejte vše dohromady.
13. Podávejte s moučkovým cukrem nebo smetanovým sýrem nebo na kostičky nakrájenými jahodami s mandlemi.

12.Scramble tamagoyaki

SLOŽENÍ:

- ¼ lžičky černé soli
- pepř podle chuti
- 2 lžičky cukru (10 g)
- ⅛ lžičky prášku do pečiva
- ½ lžičky kombu dashi
- 2 lžičky mirin (10 g)
- 1 list yuba
- 3 lžíce tekutiny dle výběru
- 1 lžička sójové omáčky
- ¼ šálku hedvábného tofu (60 g)
- Obloha
- Jarní cibulky
- sezamová semínka
- Kizami nori
- Sójová omáčka
- Volitelný
- 1 lžíce veganské majonézy kewpie
- Špetka kurkumy
- 2 lžičky nutričního droždí (8g)

INSTRUKCE:

1. Navlhčete v teplé vodě po dobu 3-5 minut, vysušte yubu.

2. Natrhejte yubu na menší části, přibližně o velikosti pěsti.

3. Důkladně smíchejte sójové mléko, hedvábné tofu, mirin, sójovou omáčku, rýži, dashi, cukr a prášek do pečiva.

4. Toto bude vaječná směs, která se také zamíchá.

5. Na středně vysoké teplotě zahřejte misku a přidejte oleje nebo vegetariánské máslo.

6. Přidejte hedvábné tofu a navrch dejte yubu. Před manipulací nechte asi 2 minuty vařit.

7. Používejte lžíce nebo stěrku, dokud se strany nezačnou jevit jako smažené, a pak je zatlačte do středu.

8. Snižte teplotu a vařte dalších třicet sekund, každých pár minut přesuňte vaječnou směs na správnou texturu.

9. Pomocí konečků prstů vymáčkněte černou sůl na okraji.

10. Vyndejte z trouby a jezte po stranách nebo přes těstoviny.

13.Kuřecí Ramen

SLOŽENÍ:

- 2 (3 oz.) balení ramen nudlí
- Čerstvé plátky jalapeňo
- 2 velká vejce
- ½ šálku jarní cibulky
- 2 kuřecí prsa
- 1 unce houby shitake
- 1–2 lžičky mořské soli podle chuti
- Kóšer sůl
- 2 lžíce mirinu
- 4 šálky bohatého kuřecího vývaru
- Černý pepř
- 3 lžičky čerstvého česneku
- 3 lžíce sójové omáčky
- 2 lžičky sezamového oleje
- 2 lžičky čerstvého zázvoru
- 1 lžíce nesoleného másla

INSTRUKCE:

1. Předehřejte troubu na 375 stupňů Fahrenheita.
2. Kuře osolte a opepřete.
3. Ve velké pánvi vhodné do trouby rozehřejte olej na středně vysokou teplotu.
4. Kuře vařte naříznutou kůží.
5. Pečte dvacet minut v troubě s pánví.
6. Do velkého hrnce přidávejte na mírném plameni olej, dokud se nezačne třpytit.
7. Před přidáním sušených hub přiveďte zakryté vývary k varu.
8. Chcete-li připravit bílky uvařené naměkko, nejprve uvařte vejce v osolené vodě.
9. Mezitím si nakrájejte zelenou cibulku a jalapeno.
10. Potom použijte ostrý nůž a nakrájejte kuře na tenké plátky.
11. Vařte 3 minuty, dokud nejsou nudle měkké, a poté je rozdělte do 2 velkých misek.
12. Smíchejte nakrájené kuřecí maso a vývar z ramen ve velké míse.
13. Malá zelená cibulka, jalapeno a měkké vařené vejce jdou na okraj. Ihned podávejte.

14.Japonská míchaná vejce a rýže miska

SLOŽENÍ:

- 4 vejce
- 1 polévková lžíce mirinu
- 2 šálky hnědé rýže
- 2 lžíce worcesterské omáčky
- 1 polévková lžíce oleje na vaření
- 1 šálek tahini omáčky
- 2 šálky vody
- Sůl podle chuti
- Černý pepř podle chuti
- 2 lžíce sojové omáčky
- 1 lžička cukru
- 1 lžička prolisovaného česneku

INSTRUKCE:

1. Vezměte si pánev.
2. Přidejte vodu do pánve.
3. Přidejte hnědou rýži a dobře vařte asi deset minut.
4. Přidejte zbytek ingrediencí do mísy.
5. Ingredience dobře promíchejte.
6. Rozpalte pánev.
7.Na pánev přidejte vaječnou směs a olej.
8.Vejce dobře uvařte.
9. Směs promíchejte a vařte pět až sedm minut.
10. Podávejte, když d1.
11. Přidejte hnědou rýži do misky.
12. Navrch přidejte míchaná vejce.
13. Vaše jídlo je připraveno k podávání.

15.Japonská miska na rýži Tonkutsu

SLOŽENÍ:

- 2 šálky tonkatsu (vepřové maso)
- 2 polévkové lžíce japonského pěti koření
- 1 lžička červené chilli papričky
- Špetka černého pepře
- Špetka soli
- 1 vejce
- Pár kapek vody
- 2 hrnky univerzální mouky
- Stolní olej
- 1 šálek omáčky tonkatsu
- 1 šálek hnědé rýže
- 2 šálky vody

INSTRUKCE:

1. Vezměte si velkou mísu.
2. Přidejte do něj vejce a vodu.
3. Vejce dobře rozklepneme.
4. Do směsi přidejte univerzální mouku.
5. Nyní přidejte všechny ostatní ingredience 1 po 1 kromě oleje na vaření.
6. Těsto dobře promíchejte.
7. Vezměte si velkou pánev.
8. Rozpálíme olej a smažíme těsto.
9. Vyndejte ingredience.
10. Vezměte rendlík.
11. Přidejte vodu do pánve.
12. Přidejte hnědou rýži a dobře vařte asi deset minut.
13. Přidejte hnědou rýži do misky.
14. Přidejte tonkotsu a omáčku navrch.
15. Vaše jídlo je připraveno k podávání.

16.Japonská miska s pažitkou a sezamovou rýží

SLOŽENÍ:

- 2 šálky hnědé rýže
- 1 šálek nasekané pažitky
- 2 lžíce nakládaného zázvoru
- 1 lžíce sezamových semínek
- 2 šálky vody
- Sůl podle chuti
- Černý pepř podle chuti
- 2 lžíce sojové omáčky
- 1 lžička h1y
- 1 lžička prolisovaného česneku

INSTRUKCE:

1. Vezměte si pánev.
2. Přidejte vodu do pánve.
3. Přidejte hnědou rýži a dobře vařte asi deset minut.
4. Vezměte si malou misku.
5. Přidejte zbytek ingrediencí do mísy.
6. Ingredience dobře promíchejte.
7. Přidejte hnědou rýži do misky.
8.Navrch pokapejte připravenou omáčkou.
9. Vaše jídlo je připraveno k podávání.

17.Japonská hovězí rýžová mísa

SLOŽENÍ:

- 1 libra hovězích nudlí
- 1 polévková lžíce mirinu
- 2 šálky hnědé rýže
- 2 lžíce worcesterské omáčky
- 1 polévková lžíce oleje na vaření
- 2 šálky vody
- Sůl podle chuti
- Černý pepř podle chuti
- 2 lžíce sojové omáčky
- 1 lžička cukru
- 1 lžička prolisovaného česneku

INSTRUKCE:

1. Vezměte rendlík.
2. Přidejte vodu do pánve.
3. Přidejte hnědou rýži a dobře vařte asi deset minut.
4. Přidejte zbytek ingrediencí do mísy.
5. Ingredience dobře promíchejte.
6. Rozpalte pánev.
7. Přidejte nudličky hovězího masa a olej na pánev.
8. Hovězí nudličky dobře uvařte.
9. Pokrm, když d1.
10. Přidejte hnědou rýži do misky.
11. Navrch přidejte hovězí směs.
12. Vaše jídlo je připraveno k podávání.

18.Japonská miska na sashimi

SLOŽENÍ:
- 2 šálky rýže
- 1 šálek wasabi
- 1 polévková lžíce nastrouhaných plátků nori
- 1 polévková lžíce shiso listů
- 1 polévková lžíce lososových jiker
- 2 šálky vody
- Sůl podle chuti
- Černý pepř podle chuti
- 1 šálek sashimi
- 1 polévková lžíce sojové omáčky

INSTRUKCE:
1. Vezměte rendlík.
2. Přidejte vodu do pánve.
3.Přidejte rýži a dobře vařte asi deset minut.
4. Kousky sashimi vařte v mikrovlnné troubě asi deset minut.
5. Ingredience dobře promíchejte.
6. Přidejte hnědou rýži do misky.
7.Navrch přidejte sashimi.
8. Navrch přidejte zbytek ingrediencí.
9. Vaše jídlo je připraveno k podávání.

19.Japonská grilovaná vepřová mísa

SLOŽENÍ:

- 1 libra vepřových nudlí
- 1 polévková lžíce mirinu
- 2 šálky hnědé rýže
- 2 lžíce worcesterské omáčky
- 1 polévková lžíce oleje na vaření
- 2 šálky vody
- Sůl podle chuti
- Černý pepř podle chuti
- 2 lžíce sojové omáčky
- 1 lžička cukru
- 1 lžička prolisovaného česneku

INSTRUKCE:

1. Vezměte si pánev.
2. Přidejte vodu do pánve.
3. Přidejte hnědou rýži a dobře vařte asi deset minut.
4. Do mísy přidejte zbytek sušených surovin.
5. Ingredience dobře promíchejte.
6. Rozpalte grilovací pánev.
7. Přidejte vepřové nudličky na grilovací pánev.
8.Proužky dobře opečte z obou stran.
9. Pokrm, když d1.
10. Přidejte hnědou rýži do misky.
11. Navrch přidejte vepřové nudličky.
12. Vaše jídlo je připraveno k podávání.

20.Japonská jarní rýže s hovězím masem

SLOŽENÍ:

- 1 libra hovězích nudlí
- 1 polévková lžíce mirinu
- 1 šálek nakrájené jarní cibulky
- 2 šálky hnědé rýže
- 2 lžíce worcesterské omáčky
- 1 polévková lžíce oleje na vaření
- 2 šálky vody
- Sůl podle chuti
- Černý pepř podle chuti
- 2 lžíce sojové omáčky
- 1 lžička cukru
- 1 lžička prolisovaného česneku

INSTRUKCE:

1. Vezměte si pánev.
2. Přidejte vodu do pánve.
3. Přidejte hnědou rýži a dobře vařte asi deset minut.
4. Rozpalte pánev.
5. Na pánev přidejte jarní cibulku a olej.
6. Cibulku dobře uvařte.
7. Přidejte hovězí maso, česnek a zbytek ingrediencí do pánve.
8. Dobře uvařte.
9. Podávejte, když d1.
10. Přidejte hnědou rýži do misky.
11. Navrch přidejte směs hovězího a jarní cibulky.
12. Vaše jídlo je připraveno k podávání.

21.Japonská mísa na krevety

SLOŽENÍ:

- 1 šálek eidamu
- 1 nakrájená mrkev
- 2 šálky rýže
- 2 šálky nakrájeného avokáda
- 1 šálek pikantní omáčky sriracha
- 1 šálek okurky
- 2 lžíce mirinu
- 1 šálek grilovaných krevet
- 2 lžíce zázvoru
- 1 šálek nastrouhaných plátků nori
- 1 lžíce rýžového octa
- 2 šálky vody
- Sůl podle chuti
- Černý pepř podle chuti
- 2 lžíce světlé sójové omáčky
- 2 lžíce tmavé sójové omáčky
- 1 lžička prolisovaného česneku

INSTRUKCE:
1. Vezměte si pánev.
2. Přidejte vodu do pánve.
3.Přidejte rýži a dobře vařte asi deset minut.
4. Přidejte zbytek ingrediencí do mísy.
5. Ingredience dobře promíchejte.
6. Přidejte hnědou rýži do misky.
7.Navrch přidejte zeleninu a krevety.
8.Navrch pokapejte připravenou omáčkou.
9. Vaše jídlo je připraveno k podávání.

22.Japonská cibule a hovězí rýže Bento

SLOŽENÍ:

- 1 šálek mletého hovězího masa
- 1 šálek nakrájené cibule
- 2 vejce
- 1 polévková lžíce mirinu
- 2 šálky rýže
- 2 lžíce worcesterské omáčky
- 1 polévková lžíce oleje na vaření
- 2 šálky vody
- Sůl podle chuti
- Černý pepř podle chuti
- 2 lžíce sojové omáčky
- 1 lžička hnědého cukru
- 1 lžička prolisovaného česneku
- 1 lžíce koriandru

INSTRUKCE:

1. Vezměte si pánev.
2. Přidejte vodu do pánve.
3. Přidejte rýži a dobře vařte asi deset minut.
4. Rozpalte pánev.
5. Do pánve přidejte olej.
6. Přidejte cibuli do pánve.
7. Dobře povařte a poté do pánve přidejte česnek.
8. Přidejte hovězí maso do pánve.
9. Vařte do úplného změknutí.
10. Přidejte všechno koření do pánve.
11. Vejce uvařte na jiné pánvi.
12. Směs promíchejte a vyndejte.
13. Přidejte rýži do misky.
14. Přidejte hovězí směs do rýže.
15. Navrch nalijte vaječnou směs.
16. Navrch ozdobte koriandrem.
17. Vaše jídlo je připraveno k podávání.

ČÍNSKÉ RÝŽOVÉ MÍSY

23.Čínská kuřecí smažená rýže

SLOŽENÍ:

- 1 polévková lžíce rybí omáčky
- 1 polévková lžíce sojové omáčky
- 1/2 čajové lžičky čínského pěti koření
- 2 lžíce chilli česnekové omáčky
- 2 červené chilli papričky
- 1 velké jalapeno
- 1/2 šálku nakrájené zelené cibule
- 1 lžička zrnek bílého pepře
- 1 lžička čerstvého zázvoru
- 1/2 šálku čerstvých listů koriandru
- 1/4 lístků čerstvé bazalky
- 1 šálek kuřecího vývaru
- 1 lžička mleté citronové trávy
- 1 lžička nasekaného česneku
- 2 lžíce sezamového oleje
- 1 vejce
- 1/2 šálku kuřete
- 2 šálky vařené hnědé rýže

INSTRUKCE:

1. Vezměte si wok.
2. Do woku přidejte namletou citronovou trávu, kuličky bílého pepře, nasekaný česnek, čínské koření, červené chilli, lístky bazalky a zázvor.
3. Přidejte kuřecí kousky do pánve.
4. Kuřecí kousky orestujte.
5. Přidejte kuřecí vývar a omáčky do směsi wok.
6. Pokrm vařte deset minut.
7. Do směsi přidejte uvařenou hnědou rýži.
8. Dobře promíchejte rýži a vařte ji pět minut.
9. Vše smíchejte dohromady.
10. Přidejte do misky koriandr.
11. Smíchejte rýži a několik minut smažte.
12. Přidejte rýži do misek.
13. Smažte vejce 1 po 1.
14. Umístěte sázené vejce na horní část misky.
15. Vaše jídlo je připraveno k podávání.

24.Pikantní mísa na zeleninu

SLOŽENÍ:

- 2 šálky hnědé rýže
- 1 šálek omáčky sriracha
- 1 šálek okurky
- 2 polévkové lžíce nakládané ředkve
- 1 lžíce sečuánského pepře
- 1 lžíce rýžového octa
- 1 šálek červeného zelí
- 1 šálek klíčků
- 2 lžíce pražených arašídů
- 2 šálky vody
- Sůl podle chuti
- Černý pepř podle chuti
- 2 lžíce sojové omáčky
- 1 lžička prolisovaného česneku

INSTRUKCE:

1. Vezměte si pánev.
2. Přidejte vodu do pánve.
3. Přidejte hnědou rýži a dobře vařte asi deset minut.
4. Zeleninu uvařte na pánvi.
5. Do pánve přidejte sečuánský pepř a zbytek koření a omáčky.
6. Ingredience dobře promíchejte.
7. Pokrm, když d1.
8. Přidejte hnědou rýži do misky.
9.Navrch přidejte zeleninu.
10. Vaše jídlo je připraveno k podávání.

25.Čínská mletá krůtí mísa

SLOŽENÍ:

- 2 lžičky rýžového vína
- 1 lžička moučkového cukru
- 1/4 lžičky sečuánského pepře
- 2 lžičky nakrájeného červeného chilli
- Černý pepř
- Sůl
- 1 lžíce nasekaného česneku
- 1 lžíce ústřicové omáčky
- 1 polévková lžíce světlé sójové omáčky
- 1/2 šálku najemno nakrájené jarní cibulky
- 2 lžičky sezamového oleje
- 4 lžičky tmavé sójové omáčky
- 2 šálky mletého krůtího masa
- 2 šálky vařené rýže

INSTRUKCE:

1. Vezměte si velkou pánev.
2. Na pánvi rozehřejte olej a přidejte do něj krůtu.
3. Do pánve přidejte nasekaný česnek.
4. Přidejte do pánve rýžové víno.
5. Směs dobře vařte asi deset minut, dokud se neopečou.
6. Do pánve přidejte moučkový cukr, sečuánský pepř, červenou chilli papričku, tmavou sójovou omáčku, ústřicovou omáčku, světlou sójovou omáčku, černý pepř a sůl.
7. Ingredience dobře vařte asi patnáct minut.
8. Přidejte rýži do 2 misek.
9. Navrch přidejte uvařenou krůtí směs.
10. Vaše jídlo je připraveno k podávání.

26.Recept na misky s mletým hovězím rýží

SLOŽENÍ:

- 2 lžičky rýžového vína
- 1 lžička moučkového cukru
- 1/4 lžičky sečuánského pepře
- 2 lžičky nakrájeného červeného chilli
- Černý pepř
- Sůl
- 1 lžíce nasekaného česneku
- 1 lžíce ústřicové omáčky
- 1 polévková lžíce světlé sójové omáčky
- 1/2 šálku najemno nakrájené jarní cibulky
- 2 lžičky sezamového oleje
- 4 lžičky tmavé sójové omáčky
- 2 šálky mletého hovězího masa
- 2 šálky vařené rýže

INSTRUKCE:

1. Vezměte si velkou pánev.
2. Na pánvi rozehřejte olej a přidejte do něj hovězí maso.
3. Do pánve přidejte nasekaný česnek.
4. Přidejte do pánve rýžové víno.
5. Směs dobře vařte asi deset minut, dokud se neopečou.
6. Do pánve přidejte moučkový cukr, sečuánský pepř, červenou chilli papričku, tmavou sójovou omáčku, ústřicovou omáčku, světlou sójovou omáčku, černý pepř a sůl.
7. Ingredience dobře vařte asi patnáct minut.
8. Přidejte rýži do 2 misek.
9. Navrch přidejte uvařenou hovězí směs.
10. Vaše jídlo je připraveno k podávání.

27.Miska křupavé rýže

SLOŽENÍ:

- 2 šálky vařené hnědé rýže
- 1 šálek omáčky sriracha
- 1 polévková lžíce tamari
- 1 lžíce rýžového octa
- Sůl podle chuti
- Černý pepř podle chuti
- 2 lžíce sojové omáčky
- 1 lžička prolisovaného česneku
- 2 lžíce oleje na vaření
- 1 šálek křupavé rýžové zálivky

INSTRUKCE:

1. Přidejte olej do pánve.
2. Do pánve přidejte uvařenou rýži.
3. Rýži dobře promíchejte.
4. Nechte zkřehnout.
5. Vařte asi deset minut.
6. Vezměte si malou misku.
7. Přidejte zbytek ingrediencí do mísy.
8. Ingredience dobře promíchejte.
9. Do misky přidejte křupavou rýži.
10. Navrch pokapejte připravenou omáčkou.
11. Vaše jídlo je připraveno k podávání.

28.Miska na slanou lepkavou rýži

SLOŽENÍ:

- 1 lžíce ústřicové omáčky
- 2 čínské chilli papričky
- 1 šálek jarní cibulky
- 1/2 lžíce sójové omáčky
- 2 lžičky mletého česneku
- 3 lžíce oleje na vaření
- 1/2 šálku horké omáčky
- 2 šálky míchané zeleniny
- Podle potřeby osolte
- Nakrájený čerstvý koriandr na ozdobu
- 1 šálek klobásy
- 1 šálek vařené lepkavé rýže

INSTRUKCE:

1. Vezměte si velkou pánev.
2. Do pánve přidejte olej na vaření a zahřejte ho.
3. Přidejte zeleninu a jarní cibulku do pánve a za stálého míchání ji orestujte.
4. Přidejte párky a dobře provařte.
5. Do pánve přidejte nasekaný česnek.
6. Do směsi přidejte sójovou omáčku, rybí omáčku, čínské chilli papričky, ostrou omáčku a zbytek ingrediencí.
7. Pokrm vařte deset minut.
8. Vyndejte ingredience.
9. Přidejte lepkavou rýži do misek.
10. Navrch přidáme připravenou směs.
11. Misky ozdobte nasekanými lístky čerstvého koriandru.
12. Vaše jídlo je připraveno k podávání.

29.Hoisin hovězí mísa

SLOŽENÍ:
- 2 šálky hnědé rýže
- 1 šálek hoisin omáčky
- 1 lžíce sečuánského pepře
- 1 lžíce rýžového octa
- 2 šálky hovězích nudlí
- 2 šálky vody
- Sůl podle chuti
- Černý pepř podle chuti
- 2 lžíce sojové omáčky
- 1 lžička prolisovaného česneku

INSTRUKCE:
1. Vezměte si pánev.
2. Přidejte vodu do pánve.
3. Přidejte hnědou rýži a dobře vařte asi deset minut.
4. Hovězí nudličky opečte na pánvi.
5. Do pánve přidejte omáčku hoisin a zbytek koření a omáčku.
6. Ingredience dobře promíchejte.
7. Pokrm, když d1.
8. Přidejte hnědou rýži do misky.
9. Navrch přidejte hovězí směs.
10. Vaše jídlo je připraveno k podávání.

30.Vepřová a zázvorová rýžová mísa

SLOŽENÍ:

- 2 lžičky rýžového vína
- 1/4 lžičky sečuánského pepře
- Černý pepř
- Sůl
- 1 lžíce nasekaného zázvoru
- 1 lžíce ústřicové omáčky
- 1 polévková lžíce světlé sójové omáčky
- 2 lžičky sezamového oleje
- 4 lžičky tmavé sójové omáčky
- 2 šálky mletého vepřového masa
- 2 šálky vařené rýže

INSTRUKCE:

1. Vezměte si velkou pánev.
2. Na pánvi rozehřejte olej a přidejte do něj vepřové maso.
3. Do pánve přidejte nakrájený zázvor.
4. Přidejte do pánve rýžové víno.
5. Směs dobře vařte asi deset minut, dokud se neopečou.
6. Do pánve přidejte moučkový cukr, sečuánský pepř, červenou chill papričku, tmavou sójovou omáčku, ústřicovou omáčku, světlou sójovou omáčku, černý pepř a sůl.
7. Ingredience dobře vařte asi patnáct minut.
8. Přidejte rýži do 2 misek.
9. Navrch přidejte uvařenou vepřovou směs.
10. Vaše jídlo je připraveno k podávání.

31.Recept na veganskou poke mísu se sezamovou omáčkou

SLOŽENÍ:

- 1 šálek eidamu
- 1 nakrájená mrkev
- 2 šálky rýže
- 2 šálky nakrájeného avokáda
- 1 šálek sezamové omáčky
- 1 šálek okurky
- 1 šálek fialového zelí
- 1 šálek křupavých kostek tofu
- 2 lžíce zázvoru
- 1 lžíce rýžového octa
- 2 šálky vody
- Sůl podle chuti
- Černý pepř podle chuti
- 2 lžíce světlé sójové omáčky
- 2 lžíce tmavé sójové omáčky
- 1 lžička prolisovaného česneku

INSTRUKCE:

1. Vezměte si pánev.
2. Přidejte vodu do pánve.
3. Přidejte rýži a dobře vařte asi deset minut.
4. Přidejte zbytek přísad kromě sezamové omáčky do mísy.
5. Ingredience dobře promíchejte.
6. Přidejte hnědou rýži do misky.
7. Navrch přidejte zeleninu a tofu.
8. Navrch pokapejte sezamovou omáčkou.
9. Vaše jídlo je připraveno k podávání.

32.Chilli kuřecí rýžová mísa

SLOŽENÍ:

- 1 lžička zrnek bílého pepře
- 1 lžička čerstvého zázvoru
- 1 polévková lžíce rybí omáčky
- 1 polévková lžíce sojové omáčky
- 1/2 čajové lžičky čínského pěti koření
- 2 lžíce chilli česnekové omáčky
- 1 šálek čínské červené chilli
- 1 lžička mleté citronové trávy
- 1 lžička nasekaného česneku
- 2 lžičky sezamového oleje
- 1 šálek kuřecích kousků
- 2 šálky vařené rýže

INSTRUKCE:

1. Vezměte si wok.
2. Do woku přidejte namletou citronovou trávu, kuličky bílého pepře, nasekaný česnek, čínské pět koření, červené chilli, lístky bazalky a zázvor.
3. Vezměte si nepřilnavou pánev.
4. Přidejte kuře do pánve.
5. Suroviny uvařte a vyndejte.
6. Přidejte omáčky do směsi wok.
7. Pokrm vařte deset minut.
8. Přidejte kuře a vařte ho pět minut.
9. Přimíchejte do ní zbytek ingrediencí.
10. Pokrm vařte dalších pět minut.
11. Umístěte rýži do 2 misek.
12. Navrch přidejte kuřecí směs.
13. Vaše jídlo je připraveno k podávání.

33.Mísa Buddhy na tofu

SLOŽENÍ:

- 1 lžíce ústřicové omáčky
- 2 čínské chilli papričky
- 1 polévková lžíce rybí omáčky
- 1/2 lžíce sójové omáčky
- 2 lžičky mletého česneku
- 3 lžíce oleje na vaření
- 1/2 šálku horké omáčky
- 2 šálky míchané zeleniny
- 2 šálky kostek tofu
- Podle potřeby osolte
- Nakrájený čerstvý koriandr na ozdobu
- 2 šálky vařené rýže
- 1 šálek opečených arašídů
- 1 šálek buddhského dresinku

INSTRUKCE:

1. Vezměte si velkou pánev.
2. Do pánve přidejte olej na vaření a zahřejte ho.
3. Do pánve přidejte zeleninu a tofu a orestujte je.
4. Do pánve přidejte nasekaný česnek.
5. Do směsi přidejte sójovou omáčku, rybí omáčku, čínské chill papričky, ostrou omáčku a zbytek ingrediencí.
6. Pokrm vařte deset minut a přidejte trochu vody na kari.
7. Vyndejte ingredience.
8. Přidejte rýži do misek.
9. Navrch přidáme připravenou směs a dresink.
10. Misky ozdobte nasekanými lístky čerstvého koriandru.
11. Vaše jídlo je připraveno k podávání.

34.Dan Rice Bowl

SLOŽENÍ:

- 1 šálek mletého vepřového masa
- 1 polévková lžíce omáčky sriracha
- 1/2 šálku nakrájeného celeru
- 1/2 šálku nakrájené zelené cibule
- 1 lžička rýžového vína
- 1 lžička čerstvého zázvoru
- 1 polévková lžíce sojové omáčky
- 1/2 čajové lžičky čínského pěti koření
- 1/2 šálku čerstvých listů koriandru
- 1/2 šálku lístků čerstvé bazalky
- 1 šálek hovězího vývaru
- 1 lžička nasekaného česneku
- 2 polévkové lžíce rostlinného oleje
- 2 šálky vařené rýže

INSTRUKCE:

1. Vezměte si wok.
2. Přidejte koření do woku.
3. Do směsi wok přidejte hovězí vývar a omáčky.
4. Pokrm vařte deset minut.
5. Do směsi přidejte vepřové maso.
6. Vepřové maso dobře promíchejte a pět minut vařte.
7. Ingredience dobře uvařte a smíchejte se zbytkem ingrediencí.
8. Snižte teplo kamen.
9. Přidejte suché nudle a vodu do samostatné pánve.
10. Uvařenou rýži přidejte do misek.
11. Navrch přidejte uvařenou směs.
12. Navrch přidejte koriandr.
13. Vaše jídlo je připraveno k podávání.

35.Mletá kuřecí rýžová mísa

SLOŽENÍ:

- 2 lžičky rýžového vína
- 1 lžička moučkového cukru
- 1/4 lžičky sečuánského pepře
- 2 lžičky nakrájeného červeného chilli
- Černý pepř
- Sůl
- 1 lžíce nasekaného česneku
- 1 lžíce ústřicové omáčky
- 1 polévková lžíce světlé sójové omáčky
- 1/2 šálku najemno nakrájené jarní cibulky
- 2 lžičky sezamového oleje
- 4 lžičky tmavé sójové omáčky
- 2 šálky mletého kuřete
- 2 šálky vařené rýže

INSTRUKCE:

1. Vezměte si velkou pánev.
2. Na pánvi rozehřejte olej a přidejte do něj kuře.
3. Do pánve přidejte nasekaný česnek.
4. Přidejte do pánve rýžové víno.
5. Směs dobře vařte asi deset minut, dokud se neopečou.
6. Do pánve přidejte moučkový cukr, sečuánský pepř, červenou chilli papričku, tmavou sójovou omáčku, ústřicovou omáčku, světlou sójovou omáčku, černý pepř a sůl.
7. Ingredience dobře vařte asi patnáct minut.
8. Přidejte rýži do 2 misek.
9. Navrch přidejte uvařenou kuřecí směs.
10. Vaše jídlo je připraveno k podávání.

36.Miska s citronovými nudlemi

SLOŽENÍ:

- 1 šálek rýžových nudlí
- 1/2 šálku citronové šťávy
- 1 šálek cibule
- 1 šálek vody
- 2 lžíce mletého česneku
- 2 lžíce mletého zázvoru
- 1/2 šálku koriandru
- 2 šálky zeleniny
- 2 lžíce olivového oleje
- 1 šálek zeleninového vývaru
- 1 šálek nakrájených rajčat

INSTRUKCE:

1. Vezměte pánev.
2. Přidejte olej a cibuli.
3. Vařte cibuli, dokud nezměkne a nezavoní.
4. Přidejte nakrájený česnek a zázvor.
5. Směs povařte a přidejte do ní rajčata.
6. Přidejte koření.
7. Přidejte do ní rýžové nudle a citronovou šťávu.
8. Ingredience pečlivě promíchejte a pánev přikryjte.
9. Přidejte zeleninu a zbytek ingrediencí.
10. Vařte deset minut.
11. Rozdělte ho do 2 misek.
12. Navrch přidejte koriandr.
13. Vaše jídlo je připraveno k podávání.

37.mísa na česnek a soj

SLOŽENÍ:

- 2 lžičky rýžového vína
- 1 šálek sóji
- 1/4 lžičky sečuánského pepře
- 2 lžičky nakrájeného červeného chilli
- Černý pepř
- Sůl
- 1 šálek kuřecích kousků
- 1 lžíce nasekaného česneku
- 2 lžíce sezamového oleje
- 4 lžičky tmavé sójové omáčky
- 2 šálky vařené rýže
- 2 lžíce nakrájené jarní cibulky

INSTRUKCE:

1. Vezměte si velkou pánev.
2. Na pánvi rozehřejte olej.
3. Do pánve přidejte nasekaný česnek.
4. Do pánve přidejte kuře, rýžové víno a sóju.
5. Směs dobře vařte asi deset minut, dokud se neopečou.
6. Do pánve přidejte sečuánský pepř, červenou chilli papričku, tmavou sójovou omáčku, černý pepř a sůl.
7. Ingredience dobře vařte asi patnáct minut.
8. Rozdělte rýži do 2 misek.
9. Přidejte směs navrch.
10. Pokrm ozdobíme nakrájenou jarní cibulkou.
11. Vaše jídlo je připraveno k podávání.

KOREJSKÉ rýžové misky

38.Korejská rýžová mísa s grilovanou rybou

SLOŽENÍ:

- 1 libra ryb
- 2 šálky rýže
- 2 polévkové lžíce gochujang
- 1 polévková lžíce oleje na vaření
- 2 šálky vody
- Sůl podle chuti
- Černý pepř podle chuti
- 2 lžíce sojové omáčky
- 1 lžička cukru
- 1 lžička prolisovaného česneku

INSTRUKCE:

1. Vezměte rendlík.
2. Přidejte vodu do pánve.
3.Přidejte rýži a dobře vařte asi deset minut.
4. Do mísy přidejte zbytek sušených surovin.
5. Ingredience dobře promíchejte.
6. Rozpalte grilovací pánev.
7. Přidejte rybu na grilovací pánev.
8.Rybu dobře opečte z obou stran.
9. Podávejte, když d1.
10. Rybu nakrájejte na plátky.
11. Přidejte rýži do misky.
12. Navrch přidejte nakrájenou rybu.
13. Vaše jídlo je připraveno k podávání.

39.Korejská miska na rýži St 1

SLOŽENÍ:

- 1 šálek hub
- 1 nakrájená mrkev
- 2 šálky vařené rýže
- 1 šálek bok choy
- 1 lžíce rýžového octa
- dvě lžíce nasekaných lístků koriandru
- 1 šálek vařených hovězích nudlí
- Sůl podle chuti
- Černý pepř podle chuti
- 2 polévkové lžíce gochujang bibim omáčky
- 2 smažená vejce

INSTRUKCE:

1. Vezměte 2 malé hrnce st1.
2. Do hrnců rozdělte rýži a uvařenou zeleninu.
3. Přidejte rýžový ocet a jemně promíchejte.
4. Posypeme hovězím masem, solí a pepřem.
5. Navrch pokapejte omáčku gochujang bibim.
6. Pokrm ozdobte nasekanými lístky koriandru.
7. Vaše jídlo je připraveno k podávání.

40.Korejská miska na rýži Sashimi

SLOŽENÍ:

- 1 šálek rybích plátků jakosti sashimi
- 2 šálky vařené rýže
- 1 lžíce nakrájené jarní cibulky
- 1 lžíce rýžového octa
- 1 šálek míchané zeleninové saláty
- 1 šálek omáčky gochujang
- 2 lžíce wasabi
- Sůl podle chuti
- Černý pepř podle chuti
- 2 lžíce sojové omáčky

INSTRUKCE:

1. Vezměte 2 misky.
2. Do obou misek rozdělte rýži a zeleninu.
3. Navrch přidejte sůl, pepř, rýžový ocet, wasabi a sójovou omáčku.
4. Přidejte plátky ryby na zeleninu.
5. Navrch přidejte omáčku gochujang.
6. Ozdobte nakrájenou jarní cibulkou.
7. Vaše jídlo je připraveno k podávání.

41.Korejské sushi rýžové mísy

SLOŽENÍ:
- 1 šálek plátků lososa
- 1 šálek tuňákových plátků
- 2 šálky vařené rýže
- 1 lžíce sezamových semínek
- 2 vejce tobiko
- 1 lžíce rýžového octa
- 1 šálek sushi zeleniny
- 1 šálek omáčky gochujang
- Sůl podle chuti
- Černý pepř podle chuti
- 2 lžíce sojové omáčky

INSTRUKCE:
1. Vezměte 2 misky.
2. Do obou misek rozdělte rýži a sushi zeleninu.
3. Navrch přidejte sůl, pepř, rýžový ocet a sójovou omáčku.
4. Plátky tuňáka a lososa ohřejte v mikrovlnné troubě.
5. Přidejte tyto plátky masa na zeleninu.
6. Vajíčka tobiko položte na stranu.
7. Navrch přidejte omáčku gochujang.
8. Ozdobte sezamovými semínky.
9. Vaše jídlo je připraveno k podávání.

42.Korejská kuřecí rýžová mísa

SLOŽENÍ:

- 2 lžičky gochujang
- 1/2 šálku sezamových semínek
- 1 lžička čerstvého zázvoru
- 1 polévková lžíce rybí omáčky
- 1 polévková lžíce sojové omáčky
- Čerstvé lístky koriandru
- 2 šálky mletého kuřete
- 1 lžíce nakrájené jarní cibulky
- 2 šálky kuřecího vývaru
- 1 lžička kukuřičného škrobu
- 1 lžička nasekaného česneku
- 2 lžíce sezamového oleje
- 2 šálky rýže
- 2 šálky vody

INSTRUKCE:

1. Vezměte si wok.
2. Do woku přidejte olej, nasekaný česnek, gochujang a zázvor.
3. Přidejte kuřecí vývar a omáčky do směsi wok.
4. Pokrm vařte deset minut.
5. Do směsi přidejte mleté kuřecí maso.
6. Přidejte zbytek ingrediencí a vařte pět minut.
7. Snižte teplotu sporáku.
8. Pokrm vařte dalších pět minut.
9. Vezměte rendlík.
10. Přidejte vodu do pánve.
11. Přidejte rýži a dobře vařte asi deset minut.
12. Přidejte rýži do misek.
13. Navrch přidejte uvařenou směs.
14. Do misky přidejte jarní cibulku.
15. Vaše jídlo je připraveno k podávání.

43.Korejská hovězí klobása

SLOŽENÍ:

- 2 lžičky gochujang
- 1/2 šálku sezamových semínek
- 1 lžička čerstvého zázvoru
- 1 polévková lžíce rybí omáčky
- 1 polévková lžíce sojové omáčky
- Čerstvé lístky koriandru
- 2 šálky korejské hovězí klobásy
- 1 lžíce nakrájené jarní cibulky
- 1 lžička kukuřičného škrobu
- 1 lžička nasekaného česneku
- 2 lžíce sezamového oleje
- 2 šálky rýže
- 2 šálky vody

INSTRUKCE:

1. Vezměte si wok.
2. Do woku přidejte olej, nasekaný česnek, gochujang a zázvor.
3. Přidejte do směsi wok.
4. Pokrm vařte deset minut.
5. Do směsi přidejte plátky hovězí klobásy.
6. Přidejte zbytek ingrediencí a vařte pět minut.
7. Snižte teplo kamen.
8. Pokrm vařte dalších pět minut.
9. Vezměte rendlík.
10. Přidejte vodu do pánve.
11. Přidejte rýži a dobře vařte asi deset minut.
12. Přidejte rýži do misek.
13. Navrch přidejte uvařenou směs.
14. Do misky přidejte jarní cibulku.
15. Vaše jídlo je připraveno k podávání.

44.Korejská miska na krevety Donburi

SLOŽENÍ:

- 2 lžičky rýžového vína
- 1 lžička moučkového cukru
- 1/4 lžičky gochujang
- 2 lžičky nakrájeného červeného chilli
- Černý pepř
- Sůl
- 1 lžíce nasekaného zázvoru
- 1 lžíce ústřicové omáčky
- 1 polévková lžíce světlé sójové omáčky
- 1/2 šálku najemno nakrájené jarní cibulky
- 2 lžičky sezamového oleje
- 4 lžičky tmavé sójové omáčky
- 2 šálky kousků krevet
- 2 šálky rýže
- 2 šálky vody

INSTRUKCE:

1. Vezměte si velkou pánev.
2. Na pánvi rozehřejte olej a přidejte do něj kousky krevet.
3. Vařte, dokud nebudou křupavé a zlatavě hnědé.
4. Do pánve přidejte nakrájený zázvor.
5. Přidejte do pánve rýžové víno.
6. Směs dobře vařte asi deset minut, dokud se neopečou.
7. Do pánve přidejte moučkový cukr, gochujang, červenou chilli papričku, tmavou sójovou omáčku, ústřicovou omáčku, světlou sójovou omáčku, černý pepř a sůl.
8. Ingredience dobře vařte asi patnáct minut.
9. Vezměte rendlík.
10. Přidejte vodu do pánve.
11. Přidejte rýži a dobře vařte asi deset minut.
12. Přidejte rýži do misek.
13. Navrch přidejte uvařenou směs.
14. Vaše jídlo je připraveno k podávání.

45.Miska na korejskou květákovou rýži

SLOŽENÍ:
- 1 šálek hub
- 1 nakrájená mrkev
- 2 šálky květákové rýže
- 1 šálek bok choy
- 1 lžíce rýžového octa
- 1 lžíce sezamových semínek
- 2 šálky vody
- Sůl podle chuti
- Černý pepř podle chuti
- 2 lžíce sojové omáčky
- 1 lžička prolisovaného česneku

INSTRUKCE:
1. Na pánvi uvařte houby, bok choy a mrkev.
2. Přidejte prolisovaný česnek, sójovou omáčku, rýžový ocet, sůl a černý pepř.
3. Do pánve přidejte květákovou rýži.
4. Vařte deset minut.
5. Do misky přidejte směs květákové rýže.
6. Vaše jídlo je připraveno k podávání.

46.Korejská BBQ kuřecí mísa

SLOŽENÍ:
- 1 šálek kousků kuřecího masa bez b1
- 2 šálky rýže
- 1 lžíce rýžového octa
- 1 lžíce sezamových semínek
- 2 šálky vody
- Sůl podle chuti
- Černý pepř podle chuti
- 1/2 šálku BBQ omáčky
- 2 lžíce sojové omáčky
- 1 lžička prolisovaného česneku

INSTRUKCE:
1. Vezměte rendlík.
2. Přidejte vodu do pánve.
3. Přidejte rýži a dobře vařte asi deset minut.
4. Kuřecí kousky opečte na pánvi.
5. Přidejte prolisovaný česnek, sójovou omáčku, BBQ omáčku, rýžový ocet, sůl a černý pepř.
6. Vařte deset minut.
7. Přidejte rýži do misky.
8. Navrch přidejte zeleninu.
9. Vaše jídlo je připraveno k podávání.

47.Korejská pikantní hovězí rýžová mísa

SLOŽENÍ:

- 2 lžičky gochujang
- 1/2 šálku sezamových semínek
- 1 lžička čerstvého zázvoru
- 1 polévková lžíce rybí omáčky
- 1 polévková lžíce sojové omáčky
- 1 lžíce červené chilli papričky
- Čerstvé lístky koriandru
- 2 šálky hovězích nudlí
- 1 lžíce nakrájené jarní cibulky
- 2 šálky hovězího vývaru
- 1 lžička kukuřičného škrobu
- 1 lžička nasekaného česneku
- 2 lžíce sezamového oleje
- 2 šálky rýže
- 2 šálky vody

INSTRUKCE:

1. Vezměte si wok.
2. Do woku přidejte olej, nasekaný česnek, gochujang, červenou chilli papričku a zázvor.
3. Do směsi wok přidejte hovězí vývar a omáčky.
4. Pokrm vařte deset minut.
5. Do směsi přidejte nudličky hovězího masa.
6. Přidejte zbytek ingrediencí a vařte pět minut.
7. Snižte teplotu sporáku.
8. Pokrm vařte dalších pět minut.
9. Vezměte rendlík.
10. Přidejte vodu do pánve.
11. Přidejte rýži a dobře vařte asi deset minut.
12. Přidejte rýži do misek.
13. Navrch přidejte uvařenou směs.
14. Do misky přidejte jarní cibulku.
15. Vaše jídlo je připraveno k podávání.

VIETNAMSKÉ RÝŽOVÉ MISKY

48.Mísa na rýži Banh Mi

SLOŽENÍ:

- 2 šálky vařené rýže
- 1 lžička rybí omáčky
- 1 šálek nakrájeného zelí
- 1 šálek nakrájené zelené cibule
- 2 lžíce nasekaného koriandru
- 1 šálek kousků vepřové panenky
- 1 šálek nakládané zeleniny
- 2 lžíce olivového oleje
- 1 šálek majonézy sriracha
- Sůl podle chuti
- Černý pepř podle chuti

INSTRUKCE:

1. Vezměte pánev.
2. Do pánve přidejte olej.
3. Přidejte vepřové maso, sůl a černý pepř.
4. Dobře vařte asi deset minut.
5. Podávejte, když d1.
6. Rozdělte rýži do 2 misek.
7. Navrch přidejte vepřové maso, nakládanou zeleninu, sriracha mayo a zbytek ingrediencí.
8. Nahoře ozdobte koriandrem.
9. Vaše jídlo je připraveno k podávání.

49.Hovězí maso a křupavá rýže

SLOŽENÍ:
- 2 šálky vařené hnědé rýže
- 1 šálek omáčky sriracha
- 1 polévková lžíce rybí omáčky
- 1 šálek vařených hovězích nudlí
- 1 lžíce rýžového octa
- Sůl podle chuti
- Černý pepř podle chuti
- 2 lžíce sojové omáčky
- 1 lžička prolisovaného česneku
- 2 lžíce oleje na vaření

INSTRUKCE:
1. Přidejte olej do pánve.
2. Do pánve přidejte uvařenou rýži.
3. Rýži dobře promíchejte.
4. Nechte zkřehnout.
5. Vařte asi deset minut.
6. Do směsi přidejte všechny omáčky a koření.
7. Ingredience dobře promíchejte.
8. Do misky přidejte křupavou rýži.
9. Na rýži přidejte vařené hovězí maso.
10. Vaše jídlo je připraveno k podávání.

50.Kuřecí mísa s rýží Sirarcha

SLOŽENÍ:

- 2 šálky vařené hnědé rýže
- 1 šálek omáčky sriracha
- 1 polévková lžíce rybí omáčky
- 1 šálek kuřecích nudlí
- 1 lžíce rýžového octa
- Sůl podle chuti
- Černý pepř podle chuti
- 2 lžíce sojové omáčky
- 1 lžička prolisovaného česneku
- 2 lžíce oleje na vaření

INSTRUKCE:

1. Přidejte olej do pánve.
2. Přidejte česnek do pánve.
3. Česnek dobře promíchejte.
4. Nechte zkřehnout.
5. Přidejte kuřecí kousky.
6. Do směsi přidejte všechny omáčky a koření.
7. Ingredience dobře promíchejte.
8. Uvařenou rýži rozdělte do 2 misek.
9. Na rýži přidejte vařené kuře.
10. Vaše jídlo je připraveno k podávání.

51.Miska na nudle z citronové trávy

SLOŽENÍ:

- 2 šálky nudlí
- 2 šálky vody
- 1 lžička rybí omáčky
- 1 šálek cibule
- 1 šálek vody
- 2 lžíce mletého česneku
- 2 lžíce mletého zázvoru
- 1/2 šálku koriandru
- 2 lžíce sušené citronové trávy
- 2 lžíce olivového oleje
- 1 šálek hovězího vývaru
- 1 šálek hovězích nudlí
- 1 šálek nakrájených rajčat

INSTRUKCE:

1. Vezměte pánev.
2. Přidejte olej a cibuli.
3. Vařte cibuli, dokud nezměkne a nezavoní.
4. Přidejte nakrájený česnek a zázvor.
5. Směs povařte a přidejte do ní rajčata.
6. Přidejte koření.
7. Přidejte do ní hovězí nudličky, hovězí vývar a rybí omáčku.
8. Ingredience pečlivě promíchejte a pánev přikryjte.
9. Vařte deset minut.
10. Vezměte rendlík.
11. Přidejte vodu do pánve.
12. Přidejte nudle a dobře vařte asi deset minut.
13. Nudle rozdělte do 2 misek.
14. Navrch přidejte hovězí směs a koriandr.
15. Vaše jídlo je připraveno k podávání.

52.Glazovaná kuřecí rýžová mísa

SLOŽENÍ:

- 2 lžičky rýžového vína
- 1/4 lžičky rybí omáčky
- Černý pepř
- Sůl
- 1 lžíce nasekaného zázvoru
- 1 lžíce ústřicové omáčky
- 1 polévková lžíce světlé sójové omáčky
- 1/2 šálku najemno nakrájené jarní cibulky
- 2 lžičky sezamového oleje
- 4 lžičky tmavé sójové omáčky
- 2 šálky glazovaných kuřecích kousků
- 2 šálky vařené rýže

INSTRUKCE:

1. Vezměte si velkou pánev.
2. Do pánve přidejte nakrájený zázvor.
3. Přidejte do pánve rýžové víno.
4. Směs dobře vařte asi deset minut, dokud se neopečou.
5. Do pánve přidejte rybí omáčku, tmavou sójovou omáčku, ústřicovou omáčku, světlou sójovou omáčku, černý pepř a sůl.
6. Ingredience dobře vařte asi patnáct minut.
7. Přidejte rýži do 2 misek.
8. Navrch přidejte uvařenou směs.
9. Navrch přidejte glazované kuřecí kousky.
10. Vaše jídlo je připraveno k podávání.

53.Recept na česnekové krevety na nudličky

SLOŽENÍ:

- 1 šálek rýžových nudlí
- 1 lžička rybí omáčky
- 1 šálek cibule
- 1 šálek vody
- 2 lžíce mletého česneku
- 2 lžíce mletého zázvoru
- 1/2 šálku koriandru
- 2 lžíce oleje na vaření
- 1 šálek kousků krevet
- 1 šálek zeleninového vývaru
- 1 šálek nakrájených rajčat

INSTRUKCE:

1. Vezměte pánev.
2. Přidejte olej a cibuli.
3. Vařte cibuli, dokud nezměkne a nezavoní.
4. Přidejte nakrájený česnek a zázvor.
5. Směs povařte a přidejte do ní rajčata.
6. Přidejte koření.
7. Přidejte do ní kousky krevet.
8. Ingredience pečlivě promíchejte a pánev přikryjte.
9. Přidejte rýžové nudle, rybí omáčku a zbytek ingrediencí.
10. Vařte deset minut.
11. Rozdělte ho do 2 misek.
12. Navrch přidejte koriandr.
13. Vaše jídlo je připraveno k podávání.

54.knedlík s nudlemi

SLOŽENÍ:

- 1 polévková lžíce světlé sójové omáčky
- 1/2 šálku najemno nakrájené jarní cibulky
- 2 lžičky sezamového oleje
- 4 lžičky tmavé sójové omáčky
- 2 šálky dušených kuřecích knedlíků
- 2 šálky vařených nudlí
- 2 lžičky rýžového vína
- 1/4 lžičky rybí omáčky
- Černý pepř
- Sůl
- 1 lžíce nasekaného zázvoru
- 1 lžíce ústřicové omáčky

INSTRUKCE:

1. Vezměte si velkou pánev.
2. Do pánve přidejte nakrájený zázvor.
3. Přidejte do pánve rýžové víno.
4. Směs dobře vařte asi deset minut, dokud se neopečou.
5. Do pánve přidejte rybí omáčku, tmavou sójovou omáčku, ústřicovou omáčku, světlou sójovou omáčku, černý pepř a sůl.
6. Ingredience dobře vařte asi patnáct minut.
7. Přidejte nudle do 2 misek.
8. Navrch přidejte uvařenou směs.
9. Navrch přidejte kuřecí knedlíky.
10. Vaše jídlo je připraveno k podávání.

55.Kuřecí rýžová mísa

SLOŽENÍ:

- 2 lžíce mletého česneku
- 2 lžíce mletého zázvoru
- 1/2 šálku koriandru
- 2 lžíce oleje na vaření
- 1 šálek kuřecího vývaru
- 1 šálek kuřecích kousků
- 1 šálek nakrájených rajčat
- 2 šálky rýže
- 2 šálky vody
- 1 lžička rybí omáčky
- 1 šálek cibule
- 1 šálek vody

INSTRUKCE:

1. Vezměte pánev.
2. Přidejte olej a cibuli.
3. Vařte cibuli, dokud nezměkne a nezavoní.
4. Přidejte nakrájený česnek a zázvor.
5. Směs povařte a přidejte do ní rajčata.
6. Přidejte koření.
7. Přidejte do ní kuřecí kousky, kuřecí vývar a rybí omáčku.
8. Ingredience pečlivě promíchejte a pánev přikryjte.
9. Vařte deset minut.
10. Vezměte rendlík.
11. Přidejte vodu do pánve.
12. Přidejte rýži a dobře vařte asi deset minut.
13. Rozdělte rýži do 2 misek.
14. Navrch přidejte kuřecí směs a koriandr.
15. Vaše jídlo je připraveno k podávání.

56.Miska pikantní hovězí rýže

SLOŽENÍ:

- 1/2 šálku koriandru
- 2 lžíce červené chilli papričky
- 2 lžíce olivového oleje
- 1 šálek hovězího vývaru
- 1 šálek hovězích nudlí
- 1 šálek nakrájených rajčat
- 2 šálky hnědé rýže
- 2 šálky vody
- 1 lžička rybí omáčky
- 1 šálek cibule
- 1 šálek vody
- 2 lžíce mletého česneku
- 2 lžíce mletého zázvoru

INSTRUKCE:

1. Vezměte pánev.
2. Přidejte olej a cibuli.
3. Vařte cibuli, dokud nezměkne a nezavoní.
4. Přidejte nakrájený česnek a zázvor.
5. Směs povařte a přidejte do ní rajčata.
6. Přidejte koření.
7. Přidejte do něj hovězí nudličky, červenou chilli papričku, hověz vývar a rybí omáčku.
8. Ingredience pečlivě promíchejte a pánev přikryjte.
9. Vařte deset minut.
10. Vezměte rendlík.
11. Přidejte vodu do pánve.
12. Přidejte hnědou rýži a dobře vařte asi deset minut.
13. Hnědou rýži rozdělte do 2 misek.
14. Navrch přidejte hovězí směs a koriandr.
15. Vaše jídlo je připraveno k podávání.

57.Karamelizovaná kuřecí mísa

SLOŽENÍ:

- 1/2 šálku najemno nakrájené jarní cibulky
- 2 lžičky sezamového oleje
- 4 lžičky tmavé sójové omáčky
- 2 šálky vařených kuřecích kousků
- 2 lžíce cukru
- 2 šálky vařené rýže
- 2 lžičky rýžového vína
- 1/4 lžičky rybí omáčky
- Černý pepř
- Sůl
- 1 lžíce nasekaného zázvoru
- 1 lžíce ústřicové omáčky
- 1 polévková lžíce světlé sójové omáčky

INSTRUKCE:

1. Vezměte si velkou pánev.
2. Do pánve přidejte nakrájený zázvor.
3. Přidejte do pánve rýžové víno.
4. Směs dobře vařte asi deset minut, dokud se neopečou.
5. Do pánve přidejte rybí omáčku, tmavou sójovou omáčku, ústřicovou omáčku, světlou sójovou omáčku, černý pepř a sůl.
6. Ingredience dobře vařte asi patnáct minut.
7. Pokrm, když d1.
8. Do pánve přidejte cukr a nechte ho rozpustit.
9. Přidejte vařené kuřecí kousky a dobře promíchejte.
10. Vařte pět minut.
11. Přidejte rýži do 2 misek.
12. Navrch přidejte uvařenou směs.
13. Navrch přidejte karamelizované kuře.
14. Vaše jídlo je připraveno k podávání.

INDICKÉ RÝŽOVÉ MISKY

58.miska s rýží Tikka

SLOŽENÍ:

- 1 šálek kousků kuřecího masa bez b1
- 2 šálky rýže
- 2 šálky vody
- 2 polévkové lžíce červeného chilli
- 1 lžička prášku garam masala
- 1 polévková lžíce oleje na vaření
- 2 polévkové lžíce tikka masala
- Sůl podle chuti
- Černý pepř podle chuti
- 2 polévkové lžíce koriandrového prášku
- 1 lžička kmínového prášku
- 1 lžička prolisovaného česneku

INSTRUKCE:

1. Vezměte si pánev.
2. Přidejte vodu do pánve.
3. Přidejte rýži a dobře vařte asi deset minut.
4. Vezměte si velkou pánev.
5. Do pánve přidejte nasekaný česnek.
6. Přidejte koření do pánve.
7. Směs dobře vařte asi deset minut, dokud se neopečou.
8. Přidejte kuřecí kousky do pánve.
9. Ingredience dobře vařte asi patnáct minut.
10. Přidejte rýži do misky.
11. Navrch přidejte kuřecí směs tikka.
12. Vaše jídlo je připraveno k podávání.

59.Mísa na kari hnědé rýže

SLOŽENÍ:

- 1/2 kila zeleniny
- 2 cibule
- 2 lžíce řepkového oleje
- 1 šálek vařené hnědé rýže
- 2 šálky vody
- 1 lžička zázvoru
- 2 rajčata
- 4 stroužky česneku
- 2 zelené chilli papričky
- Sůl podle chuti
- 1 lžička červeného kari pepře
- Černý pepř podle chuti
- 1 lžička listů koriandru
- 1/2 lžičky garam masaly
- 1 lžička černých hořčičných semínek
- 1 lžička semínek kmínu

INSTRUKCE:

1. Vezměte pánev a přidejte do ní olej.
2. Zahřejte olej a přidejte do něj cibuli.
3. Smažte cibuli, dokud nebude světle hnědá.
4. Do pánve přidejte semínka kmínu a hořčice.
5. Dobře je orestujte a přidejte sůl, pepř a zelené chilli.
6. Přidejte do ní kurkumu, zázvor a stroužky česneku.
7. Do pánve přidejte zeleninu a červenou kari.
8. Dobře je promíchejte a pokračujte ve vaření po dobu patnácti minut.
9. Přidejte hnědou rýži do misky.
10. Navrch přidáme připravenou směs.
11. Přidejte lístky koriandru a garam masalu na ozdobu.
12. Vaše jídlo je připraveno k podávání.

60.Mísa na sýrovou rýži

SLOŽENÍ:

- 1/2 libry míchaného sýra
- 2 cibule
- 2 lžíce řepkového oleje
- 1 šálek vařené hnědé rýže
- 2 šálky vody
- 1 lžička zázvoru
- 2 rajčata
- 4 stroužky česneku
- 2 zelené chilli papričky
- Sůl podle chuti
- 1 lžička červeného kari pepře
- Černý pepř podle chuti
- 1 lžička listů koriandru
- 1/2 lžičky garam masaly
- 1 lžička černých hořčičných semínek
- 1 lžička semínek kmínu

INSTRUKCE:

1. Vezměte pánev a přidejte do ní olej.
2. Zahřejte olej a přidejte do něj cibuli.
3. Smažte cibuli, dokud nebude světle hnědá.
4.Do pánve přidejte semínka kmínu a hořčice.
5. Dobře je orestujte a přidejte sůl, pepř a zelené chilli.
6. Přidejte do ní kurkumu, zázvor a stroužky česneku.
7. Do pánve přidejte sýr, rýži a červenou kari.
8. Dobře je promíchejte a pokračujte ve vaření po dobu patnácti minut.
9. Přidejte hnědou rýži do misky.
10. Vaše jídlo je připraveno k podávání.

61.skopové kari rýžová mísa

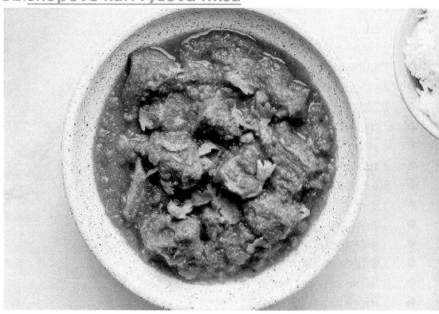

SLOŽENÍ:

- 1/2 libry kousků skopového
- 2 cibule
- 2 lžíce řepkového oleje
- 1 šálek vařené rýže
- 2 šálky vody
- 1 lžička zázvoru
- 2 rajčata
- 4 stroužky česneku
- Šest zelených chilli papriček
- Sůl podle chuti
- 1 lžička červeného kari pepře
- Černý pepř podle chuti
- 1 lžička listů koriandru
- 1/2 lžičky garam masaly
- 1 lžička černých hořčičných semínek
- 1 lžička semínek kmínu

INSTRUKCE:

1. Vezměte pánev a přidejte do ní olej.
2. Zahřejte olej a přidejte do něj cibuli.
3. Smažte cibuli, dokud nebude světle hnědá.
4. Do pánve přidejte semínka kmínu a hořčice.
5. Dobře je orestujte a přidejte sůl, pepř a zelené chilli.
6. Přidejte do ní kurkumu, zázvor a stroužky česneku.
7. Do pánve přidejte skopové maso a červenou kari papriku.
8. Dobře je promíchejte a pokračujte ve vaření po dobu patnácti minut.
9. Přidejte rýži do misky.
10. Navrch přidáme připravenou směs.
11. Přidejte lístky koriandru a garam masalu na ozdobu.
12. Vaše jídlo je připraveno k podávání.

62.Indická krémová kari mísa

SLOŽENÍ:

- 1/2 kila zeleniny
- 2 cibule
- 2 lžíce řepkového oleje
- 1 šálek vařené rýže
- 2 šálky vody
- 1 lžička zázvoru
- 2 rajčata
- 4 stroužky česneku
- 2 zelené chilli papričky
- 1 šálek husté smetany
- Sůl podle chuti
- 1 lžička červeného kari pepře
- Černý pepř podle chuti
- 1 lžička listů koriandru
- 1/2 lžičky garam masaly
- 1 lžička černých hořčičných semínek
- 1 lžička semínek kmínu

INSTRUKCE:

1. Vezměte pánev a přidejte do ní olej.
2. Zahřejte olej a přidejte do něj cibuli.
3. Smažte cibuli, dokud nebude světle hnědá.
4. Do pánve přidejte semínka kmínu a hořčice.
5. Dobře je orestujte a přidejte sůl, pepř a zelené chilli.
6. Přidejte do něj kurkumu, zázvor a stroužky česneku.
7. Přidejte do pánve zeleninu, smetanu a červenou kari.
8. Dobře je promíchejte a pokračujte ve vaření po dobu patnácti minut.
9. Přidejte rýži do misky.
10. Navrch přidáme připravenou směs.
11. Přidejte lístky koriandru a garam masalu na ozdobu.
12. Vaše jídlo je připraveno k podávání.

63.Indická mísa s citronovou rýží

SLOŽENÍ:

- 2 lžíce řepkového oleje
- 1 šálek čerstvých bylinek
- 1 šálek nakrájených citronů
- 1 polévková lžíce červeného chilli
- 2 lžíce citronové šťávy
- 1 lžička česneku a zázvorové pasty
- 1 lžička chilli vloček
- 1/2 lžičky mletého kmínu
- 1 polévková lžíce koriandrového prášku
- Sůl
- 2 šálky vařené rýže

INSTRUKCE:

1. Vezměte si kastrol a přidejte do něj olej.
2. Zahřejte olej a přidejte do něj kousky citronu, sůl a pepř.
3. Vařte několik minut, dokud citron nezměkne.
4. Přidejte česnek, zázvor a červené chilli vločky.
5. Vařte, dokud se směs nerozvoní.
6. Do směsi přidejte koření a vařte.
7. Přidejte rýži do 2 misek.
8. Uvařenou směs rozdělte do 2 misek.
9. Navrch přidejte čerstvé bylinky.
10. Vaše jídlo je připraveno k podávání.

64.mísa s indickým květákem

SLOŽENÍ:

- 1 šálek růžičky květáku
- 2 šálky quinoa
- 2 šálky vody
- 2 polévkové lžíce červeného chilli
- 1 lžička prášku garam masala
- 1 polévková lžíce oleje na vaření
- 2 šálky špenátu
- 2 šálky červené papriky
- 1/2 šálku opečených kešu oříšků
- Sůl podle chuti
- Černý pepř podle chuti
- 2 polévkové lžíce koriandrového prášku
- 1 lžička kmínového prášku
- 1 lžička prolisovaného česneku

INSTRUKCE:

1. Vezměte rendlík.
2. Přidejte vodu do pánve.
3. Přidejte quinou a dobře vařte asi deset minut.
4. Vezměte si velkou pánev.
5. Do pánve přidejte nasekaný česnek.
6. Přidejte koření do pánve.
7. Směs dobře vařte asi deset minut, dokud se neopečou.
8. Do pánve přidejte špenát, květák a papriku.
9. Ingredience dobře vařte asi patnáct minut.
10. Přidejte quinou do mísy.
11. Navrch přidejte květák masala.
12. Přidejte opečené kešu na květák.
13. Vaše jídlo je připraveno k podávání.

65.Indická grilovaná čočková mísa

SLOŽENÍ:

- 2 lžíce řepkového oleje
- 1 šálek čerstvých bylinek
- 1 polévková lžíce červeného chilli
- 2 hrnky grilované čočky
- 1 lžička česneku a zázvorové pasty
- 1 lžička chilli vloček
- 1/2 lžičky mletého kmínu
- 1 polévková lžíce koriandrového prášku
- Sůl
- 1/2 šálku mátové omáčky
- 2 šálky vařené rýže

INSTRUKCE:

1. Vezměte si kastrol a přidejte do něj olej.
2. Rozehřejte olej a přidejte do něj grilovanou čočku, sůl a pepř.
3. Přidejte do něj česnek, zázvor a vločky červeného chilli.
4. Vařte, dokud se směs nerozvoní.
5. Do směsi přidejte koření a vařte.
6. Přidejte rýži do 2 misek.
7. Uvařenou směs rozdělte do 2 misek.
8. Navrch přidejte čerstvé bylinky a mátovou omáčku.
9. Vaše jídlo je připraveno k podávání.

66.Indická kuřecí rýžová mísa

SLOŽENÍ:

- 1/2 libry kuřecích kousků
- 2 cibule
- 2 lžíce řepkového oleje
- 1 šálek vařené rýže
- 2 šálky vody
- 1 lžička zázvoru
- 2 rajčata
- 4 stroužky česneku
- Šest zelených chilli papriček
- Sůl podle chuti
- 1 lžička červeného kari pepře
- Černý pepř podle chuti
- 1 lžička listů koriandru
- 1/2 lžičky garam masaly
- 1 lžička černých hořčičných semínek
- 1 lžička semínek kmínu

INSTRUKCE:

1. Vezměte pánev a přidejte do ní olej.
2. Zahřejte olej a přidejte do něj cibuli.
3. Smažte cibuli, dokud nebude světle hnědá.
4. Do pánve přidejte semínka kmínu a hořčice.
5. Dobře je orestujte a přidejte sůl, pepř a zelené chilli.
6. Přidejte do ní kurkumu, zázvor a stroužky česneku.
7. Do pánve přidejte kuře a červenou kari papriku.
8. Dobře je promíchejte a pokračujte ve vaření po dobu patnácti minut.
9. Přidejte rýži do misky.
10. Navrch přidáme připravenou směs.
11. Přidejte lístky koriandru a garam masalu na ozdobu.
12. Vaše jídlo je připraveno k podávání.

67.Indická mísa na červenou rýži

SLOŽENÍ:

- 1/2 libry červené rýže
- 2 cibule
- 2 lžíce řepkového oleje
- 2 šálky vody
- 1 lžička zázvoru
- 2 rajčata
- 4 stroužky česneku
- Šest zelených chilli papriček
- Sůl podle chuti
- 1 lžička červeného kari pepře
- Černý pepř podle chuti
- 1 lžička listů koriandru
- 1/2 lžičky garam masaly
- 1 lžička semínek kmínu

INSTRUKCE:

1. Vezměte pánev a přidejte do ní olej.
2. Zahřejte olej a přidejte do něj cibuli.
3. Smažte cibuli, dokud nebude světle hnědá.
4. Přidejte semínka kmínu do pánve.
5. Dobře je orestujte a přidejte sůl, pepř a zelené chilli.
6. Přidejte do ní kurkumu, zázvor a stroužky česneku.
7. Do pánve přidejte červenou rýži a červenou kari.
8. Dobře je promíchejte a pokračujte ve vaření po dobu patnácti minut.
9. Přidejte rýži do misky.
10. Přidejte lístky koriandru a garam masalu na ozdobu.
11. Vaše jídlo je připraveno k podávání.

68.Kokosová hovězí rýžová mísa

SLOŽENÍ:
- 1/2 libry kusů hovězího masa
- 2 cibule
- 2 lžíce řepkového oleje
- 1 šálek vařené rýže
- 2 šálky vody
- 1 lžička zázvoru
- 2 rajčata
- 4 stroužky česneku
- Šest zelených chilli papriček
- Sůl podle chuti
- 1 lžička červeného kari pepře
- Černý pepř podle chuti
- 1 lžička listů koriandru
- 1/2 lžičky garam masaly
- 1 čajová lžička sušeného kokosového prášku
- 1 lžička semínek kmínu

INSTRUKCE:
1. Vezměte pánev a přidejte do ní olej.
2. Zahřejte olej a přidejte do něj cibuli.
3. Smažte cibuli, dokud nebude světle hnědá.
4. Do pánve přidejte semínka kmínu.
5. Dobře je orestujte a přidejte sůl, pepř a zelené chilli.
6. Přidejte do ní kurkumu, zázvor a stroužky česneku.
7. Do pánve přidejte hovězí maso a červenou kari papriku.
8. Dobře je promíchejte a pokračujte ve vaření po dobu patnácti minut.
9. Do mísy přidejte rýži a sušený kokos.
10. Navrch přidáme připravenou směs.
11. Přidejte lístky koriandru a garam masalu na ozdobu.
12. Vaše jídlo je připraveno k podávání.

69.mísa Tandoori

SLOŽENÍ:

- 1 šálek kousků kuřecího masa bez b1
- 2 šálky rýže
- 2 šálky vody
- 2 polévkové lžíce červeného chilli
- 1 lžička prášku garam masala
- 1 polévková lžíce oleje na vaření
- 2 polévkové lžíce tandoori masaly
- Sůl podle chuti
- Černý pepř podle chuti
- 2 polévkové lžíce koriandrového prášku
- 1 lžička kmínového prášku
- 1 lžička prolisovaného česneku

INSTRUKCE:

1. Vezměte si pánev.
2. Přidejte vodu do pánve.
3. Přidejte rýži a dobře vařte asi deset minut.
4. Vezměte si velkou pánev.
5. Do pánve přidejte nasekaný česnek.
6. Přidejte koření do pánve.
7. Směs dobře vařte asi deset minut, dokud se neopečou.
8. Přidejte kuřecí kousky do pánve.
9. Ingredience dobře vařte asi patnáct minut.
10. Přidejte rýži do misky.
11. Navrch přidejte směs kuřete tandoori.
12. Vaše jídlo je připraveno k podávání.

70.Kurkuma Paneer a rýžová mísa

SLOŽENÍ:
- 2 šálky nakrájeného tofu
- 2 šálky rýže
- 2 šálky vody
- 2 polévkové lžíce prášku z kurkumy
- 1 lžička prášku garam masala
- 1 polévková lžíce oleje na vaření
- Sůl podle chuti
- Černý pepř podle chuti
- 2 lžíce čerstvých bylinek
- 1 lžička kmínového prášku
- 1 lžička prolisovaného česneku

INSTRUKCE:
1. Vezměte rendlík.
2. Přidejte vodu do pánve.
3.Přidejte rýži a dobře vařte asi deset minut.
4. Vezměte si velkou pánev.
5. Do pánve přidejte nasekaný česnek.
6. Přidejte koření do pánve.
7. Směs dobře vařte asi deset minut, dokud se neopečou.
8.Do pánve přidejte tofu a bylinky.
9. Ingredience dobře vařte asi pět minut.
10. Přidejte rýži do misky.
11. Navrch přidejte směs kurkuma s tofu.
12. Vaše jídlo je připraveno k podávání.

71.Paneer kari mísa

SLOŽENÍ:

- 1/2 libry kousků tofu
- 2 cibule
- 2 lžíce řepkového oleje
- 1 šálek vařené rýže
- 2 šálky vody
- 1 lžička zázvoru
- 2 rajčata
- 4 stroužky česneku
- Šest zelených chilli papriček
- Sůl podle chuti
- 1 lžička červeného kari pepře
- Černý pepř podle chuti
- 1 lžička listů koriandru
- 1/2 lžičky garam masaly
- 1 lžička černých hořčičných semínek
- 1 lžička semínek kmínu

INSTRUKCE:

1. Vezměte pánev a přidejte do ní olej.
2. Zahřejte olej a přidejte do něj cibuli.
3. Smažte cibuli, dokud nebude světle hnědá.
4.Do pánve přidejte semínka kmínu a hořčice.
5. Dobře je orestujte a přidejte sůl, pepř a zelené chilli.
6. Přidejte do ní kurkumu, zázvor a stroužky česneku.
7. Do pánve přidejte tofu a červenou kari.
8. Dobře je promíchejte a pokračujte ve vaření po dobu patnácti minut.
9. Přidejte rýži do misky.
10. Navrch přidáme připravenou směs.
11. Přidejte lístky koriandru a garam masalu na ozdobu.
12. Vaše jídlo je připraveno k podávání.

72.Miska na cizrnový chaat

SLOŽENÍ:

- Šálek nakrájené cibule
- 2 polévkové lžíce směsi chaat masala
- Šálek bílé cizrny
- 1/2 šálku mátového chutney
- 1 polévková lžíce zelených chilli papriček
- 1/2 šálku tamarindové omáčky
- 1/2 šálku papdi

INSTRUKCE:

1. Vařte cizrnu ve velké pánvi plné vody.
2. Jakmile jsou uvařené, sceďte je.
3. Přidejte ji do mísy.
4. Do mísy přidejte zbytek ingrediencí.
5. Pokrm je připraven k podávání.

THAJSKÉ rýžové misky

73.Mísa s lososem Buddha

SLOŽENÍ:

- 1 šálek rybího vývaru
- 2 šálky kousků lososa
- 1 lžička nasekaného česneku
- 2 polévkové lžíce rostlinného oleje
- 1 polévková lžíce hoisin omáčky
- 1 polévková lžíce omáčky sriracha
- 1/2 šálku nakrájeného celeru
- 1 lžička rýžového vína
- 2 šálky vařené rýže
- 1 lžička čerstvého zázvoru
- 2 lžíce čerstvých bylinek
- 1 polévková lžíce rybí omáčky
- 1 polévková lžíce sojové omáčky
- 1/2 lžičky thajského pěti koření

INSTRUKCE:

1. Vezměte si wok.
2. Přidejte do woku omáčku hoisin, omáčku sriracha, nasekaný česnek thajské koření a zázvor.
3. Přidejte rybí vývar a omáčky do wok směsi.
4. Pokrm vařte deset minut.
5. Do směsi přidejte kousky lososa.
6. Lososa dobře promíchejte a vařte ho pět minut.
7. Ingredience dobře uvařte a smíchejte se zbytkem ingrediencí.
8. Snižte teplo kamen.
9. Vařte pokrm dalších patnáct minut.
10. Přidejte uvařenou rýži do misky.
11. Navrch přidejte uvařenou směs.
12. Ozdobte čerstvými bylinkami.
13. Vaše jídlo je připraveno k podávání.

74.Miska kořeněné hnědé rýže

SLOŽENÍ:

- 1 polévková lžíce rybí omáčky
- 1 polévková lžíce sojové omáčky
- 1/2 lžičky thajského pěti koření
- 1/4 šálku arašídů
- 1 lžička nasekaného česneku
- 2 polévkové lžíce rostlinného oleje
- 1 polévková lžíce hoisin omáčky
- 1 lžíce omáčky sriracha
- 1/2 šálku nakrájeného celeru
- 1 lžička rýžového vína
- 2 šálky vařené hnědé rýže
- 1 lžička čerstvého zázvoru
- 2 lžíce čerstvých bylinek

INSTRUKCE:

1. Vezměte si wok.
2. Přidejte do woku omáčku hoisin, omáčku sriracha, nasekaný česnek, thajské koření a zázvor.
3. Přidejte omáčky do wok směsi.
4. Pokrm vařte deset minut.
5. Přidejte do směsi hnědou rýži.
6. Ingredience dobře uvařte a smíchejte se zbytkem ingrediencí.
7. Snižte teplotu sporáku.
8. Pokrm vařte dalších patnáct minut.
9. Přidejte uvařenou hnědou rýži do mísy.
10. Navrch přidejte arašídy.
11. Ozdobte čerstvými bylinkami.
12. Vaše jídlo je připraveno k podávání.

75.Misky s arašídovými krevetami

SLOŽENÍ:

- 1 polévková lžíce rybí omáčky
- 1 polévková lžíce sojové omáčky
- 1/2 lžičky thajského pěti koření
- 1/4 šálku arašídů
- 1 šálek rybího vývaru
- 2 šálky kousků krevet
- 1 lžička nasekaného česneku
- 2 polévkové lžíce rostlinného oleje
- 1 polévková lžíce hoisin omáčky
- 1 lžíce omáčky sriracha
- 1/2 šálku nakrájeného celeru
- 1 lžička rýžového vína
- 2 šálky vařené rýže
- 1 lžička čerstvého zázvoru
- 2 lžíce čerstvých bylinek

INSTRUKCE:

1. Vezměte si wok.
2. Přidejte do woku omáčku hoisin, omáčku sriracha, nasekaný česnek, thajské koření a zázvor.
3. Přidejte rybí vývar a omáčky do wok směsi.
4. Pokrm vařte deset minut.
5. Do směsi přidejte kousky krevet a arašídy.
6. Krevety dobře promíchejte a vařte je pět minut.
7. Ingredience dobře uvařte a smíchejte se zbytkem ingrediencí.
8. Snižte teplo kamen.
9. Vařte pokrm dalších patnáct minut.
10. Přidejte uvařenou rýži do misky.
11. Navrch přidejte uvařenou směs.
12. Ozdobte čerstvými bylinkami.
13. Vaše jídlo je připraveno k podávání.

76.Hovězí mísa s bazalkou

SLOŽENÍ:

- 1 polévková lžíce hoisin omáčky
- 1 polévková lžíce omáčky sriracha
- 1/2 šálku nakrájeného celeru
- 1 lžička rýžového vína
- 2 šálky vařené rýže
- 1 lžička čerstvého zázvoru
- 2 lžíce čerstvých bylinek
- 1 polévková lžíce rybí omáčky
- 1 polévková lžíce sojové omáčky
- 1/2 lžičky thajského pěti koření
- 1 šálek hovězích nudlí
- 1 šálek hovězího vývaru
- 2 šálky nasekané bazalky
- 1 lžička nasekaného česneku
- 2 polévkové lžíce rostlinného oleje

INSTRUKCE:

1. Vezměte si wok.
2. Přidejte do woku omáčku hoisin, omáčku sriracha, nasekaný česnek, thajské koření a zázvor.
3. Do směsi wok přidejte hovězí vývar a omáčky.
4. Pokrm vařte deset minut.
5. Do směsi přidejte kousky hovězího masa a bazalku.
6. Hovězí maso dobře promíchejte a vařte patnáct minut.
7. Přidejte uvařenou rýži do mísy.
8. Navrch přidejte uvařenou směs.
9. Ozdobte čerstvými bylinkami.
10. Vaše jídlo je připraveno k podávání.

77.Kokosová mísa Umami

SLOŽENÍ:

- 1 polévková lžíce hoisin omáčky
- 1 polévková lžíce omáčky sriracha
- 1/2 šálku nakrájeného celeru
- 1 lžička rýžového vína
- 2 šálky vařené rýže
- 1 lžička čerstvého zázvoru
- 2 lžíce čerstvých bylinek
- 1 polévková lžíce rybí omáčky
- 1 polévková lžíce sojové omáčky
- 1/2 lžičky thajského pěti koření
- 1/4 šálku kokosového prášku
- 2 šálky kokosové smetany
- 2 šálky kuřecích kousků
- 2 šálky salátové zeleniny
- 1 lžička nasekaného česneku
- 2 polévkové lžíce rostlinného oleje

INSTRUKCE:

1. Vezměte si wok.
2. Přidejte do woku omáčku hoisin, omáčku sriracha, nasekaný česnek, thajské koření a zázvor.
3. Přidejte omáčky do wok směsi.
4. Pokrm vařte deset minut.
5. Do směsi přidejte kuřecí kousky.
6. Kuře dobře promíchejte a pět minut vařte.
7. Přidejte rýži do misky.
8. Navrch přidejte uvařenou směs.
9. Navrch přidejte salátovou zeleninu a kokosovou smetanu.
10. Ozdobte čerstvými bylinkami.
11. Vaše jídlo je připraveno k podávání.

78.Tuňák Power Bowl

SLOŽENÍ:

- 1 polévková lžíce hoisin omáčky
- 1 polévková lžíce omáčky sriracha
- 1/2 šálku nakrájeného celeru
- 1 lžička rýžového vína
- 2 šálky vařené červené rýže
- 1 lžička čerstvého zázvoru
- 2 lžíce čerstvých bylinek
- 1 polévková lžíce rybí omáčky
- 1 lžíce sójové omáčky
- 1/2 lžičky thajského pěti koření
- 1 šálek míchané zeleniny
- 2 lžíce kokosové smetany
- 1 šálek rybího vývaru
- 2 šálky kousků tuňáka
- 1 lžička nasekaného česneku
- 2 polévkové lžíce rostlinného oleje

INSTRUKCE:

1. Vezměte si wok.
2. Přidejte do woku omáčku hoisin, omáčku sriracha, nasekaný česnek, thajské koření a zázvor.
3. Přidejte rybí vývar a omáčky do wok směsi.
4. Pokrm vařte deset minut.
5. Do směsi přidejte kousky tuňáka.
6. Tuňáka dobře promíchejte a vařte ho pět minut.
7. Ingredience dobře uvařte a smíchejte se zbytkem ingrediencí.
8. Snižte teplo kamen.
9. Vařte pokrm dalších patnáct minut.
10. Přidejte kokosovou smetanu a dobře promíchejte.
11. Přidejte rýži do misky.
12. Navrch přidejte uvařenou směs.
13. Ozdobte čerstvými bylinkami.
14. Vaše jídlo je připraveno k podávání.

79.Miska na nudle s mangem

SLOŽENÍ:

- 1 polévková lžíce hoisin omáčky
- 1 polévková lžíce sojové omáčky
- 1/2 šálku nakrájeného celeru
- 1/2 šálku nakrájené zelené cibule
- 1 lžička rýžového vína
- 1 lžička čerstvého zázvoru
- 1 polévková lžíce rybí omáčky
- 1 polévková lžíce sojové omáčky
- 1/2 lžičky thajské směsi koření
- 2 lžíce nakrájených červených chilli papriček
- 1/2 šálku bambusových výhonků
- 1/2 šálku čerstvých listů koriandru
- 1/4 šálku čerstvých lístků bazalky
- 2 šálky kousků manga
- 1/2 šálku nasekaných lístků bazalky
- 1 lžička nasekaného česneku
- 2 polévkové lžíce rostlinného oleje
- Rýžové nudle

INSTRUKCE:

1. Vezměte si wok.
2. Do woku přidejte olej, omáčku hoisin, sójovou omáčku, nasekaný česnek, thajské koření, nasekané červené chilli, lístky bazalky a zázvor
3. Přidejte omáčky do wok směsi.
4. Pokrm vařte deset minut.
5. Do směsi přidejte kousky manga.
6. Mango dobře promíchejte a pět minut vařte.
7. Do pánve přidejte nakrájené lístky bazalky a vodu.
8. V hrnci plném vroucí vody uvařte rýžové nudle.
9. Sceďte rýžové nudle a přidejte je do woku.
10. Pokrm vařte dalších patnáct minut.
11. Rozdělte ho do 4 misek.
12. Přidejte do misky koriandr.
13. Vaše jídlo je připraveno k podávání.

80.Mísa na arašídy a cukety

SLOŽENÍ:

- 2 lžičky rýžového vína
- 1 šálek vařené rýže
- 2 lžičky červené kari pasty
- 1/2 lžičky prášku z kurkumy
- Černý pepř podle chuti
- Sůl podle chuti
- 1 lžíce nasekaného zázvoru
- 1 lžíce nasekaného česneku
- 1/2 šálku najemno nakrájené jarní cibulky
- 2 lžíce oleje na vaření
- 4 lžičky tmavé sójové omáčky
- 2 šálky cuketových kousků
- 1 šálek arašídové omáčky

INSTRUKCE:

1. Vezměte si velkou pánev.
2. Na pánvi rozehřejte olej.
3. Do pánve přidejte nakrájený zázvor a česnek.
4. Přidejte cuketu, rýžové víno a za stálého míchání opékejte, dokud se barva nezmění.
5. Směs dobře vařte asi deset minut, dokud se neopečou.
6. Do pánve přidejte arašídovou omáčku, moučkový cukr, bílý pepř, kurkumu, červenou kari pastu, tmavou sójovou omáčku, černý pepř a sůl.
7. Přidejte zbytek ingrediencí do směsi.
8. Ingredience dobře vařte asi patnáct minut.
9. Přidejte rýži do 2 misek.
10. Navrch přidejte červené kari.
11. Ozdobte nakrájenou jarní cibulkou.
12. Vaše jídlo je připraveno k podávání.

81.Pikantní mísa na krevety

SLOŽENÍ:

- 1 polévková lžíce rybí omáčky
- 1 polévková lžíce sojové omáčky
- 1/2 lžičky thajského pěti koření
- 1 šálek krevet
- 2 polévkové lžíce thajských zelených chilli papriček
- 1 lžička nasekaného česneku
- 2 polévkové lžíce rostlinného oleje
- 1 polévková lžíce hoisin omáčky
- 1 polévková lžíce omáčky sriracha
- 1/2 šálku nakrájeného celeru
- 1 lžička rýžového vína
- 2 šálky vařené hnědé rýže
- 1 lžička čerstvého zázvoru
- 2 lžíce čerstvých bylinek

INSTRUKCE:

1. Vezměte si wok.
2. Přidejte do woku omáčku hoisin, omáčku sriracha, thajské zelené chilli, nasekaný česnek, thajské koření a zázvor.
3. Přidejte omáčky a krevety do směsi wok.
4. Pokrm vařte deset minut.
5. Přidejte do směsi hnědou rýži.
6. Pokrm vařte dalších patnáct minut.
7. Přidejte uvařenou hnědou rýži do mísy.
8. Ozdobte čerstvými bylinkami.
9. Vaše jídlo je připraveno k podávání.

82.Mísa s kari rýží

SLOŽENÍ:

- 2 lžičky rýžového vína
- 1 šálek vařené rýže
- 2 lžičky červené kari pasty
- 1/2 lžičky prášku z kurkumy
- Černý pepř podle chuti
- Sůl podle chuti
- 1 lžíce nasekaného zázvoru
- 1 lžíce nasekaného česneku
- 1/2 šálku najemno nakrájené jarní cibulky
- 2 lžíce olivového oleje
- 4 lžičky tmavé sójové omáčky
- 1 šálek kokosového mléka

INSTRUKCE:

1. Vezměte si velkou pánev.
2. Na pánvi rozehřejte olej.
3. Do pánve přidejte nakrájený zázvor a česnek.
4. Přilijte rýžové víno a za stáleho míchání smažte, dokud se barva nezmění.
5. Směs dobře vařte asi deset minut, dokud se neopečou.
6. Do pánve přidejte kokosové mléko, moučkový cukr, bílý pepř, kurkumu, červenou kari pastu, tmavou sójovou omáčku, černý pepř a sůl.
7. Přidejte zbytek ingrediencí do směsi.
8. Ingredience dobře vařte asi patnáct minut.
9. Přidejte rýži do 2 misek.
10. Navrch přidejte červené kari.
11. Ozdobte nakrájenou jarní cibulkou.
12. Vaše jídlo je připraveno k podávání.

83.Vepřová rýžová mísa

SLOŽENÍ:

- 1 polévková lžíce rybí omáčky
- 1 polévková lžíce sojové omáčky
- 1/2 lžičky thajského pěti koření
- 1 šálek vepřového masa
- 1 lžička nasekaného česneku
- 2 polévkové lžíce rostlinného oleje
- 1 polévková lžíce hoisin omáčky
- 1 polévková lžíce omáčky sriracha
- 1/2 šálku nakrájeného celeru
- 1 lžička rýžového vína
- 2 šálky vařené hnědé rýže
- 1 lžička čerstvého zázvoru
- 2 lžíce čerstvých bylinek

INSTRUKCE:

1. Vezměte si wok.
2. Přidejte do woku omáčku hoisin, omáčku sriracha, nasekaný česnek, thajské koření a zázvor.
3. Přidejte omáčky a vepřové maso do směsi wok.
4. Pokrm vařte deset minut.
5. Přidejte do směsi hnědou rýži.
6. Ingredience dobře uvařte a smíchejte se zbytkem ingrediencí.
7. Vařte pokrm dalších patnáct minut.
8. Přidejte uvařenou hnědou rýži do mísy.
9. Ozdobte čerstvými bylinkami.
10. Vaše jídlo je připraveno k podávání.

84.Sladká bramborová miska Buddha

SLOŽENÍ:

- 2 šálky kousků sladkých brambor
- 1 lžička nasekaného česneku
- 2 polévkové lžíce rostlinného oleje
- 1 polévková lžíce hoisin omáčky
- 1 polévková lžíce omáčky sriracha
- 1/2 šálku nakrájeného celeru
- 1 lžička rýžového vína
- 2 šálky vařené rýže
- 1 lžička čerstvého zázvoru
- 2 lžíce čerstvých bylinek
- 1 polévková lžíce rybí omáčky
- 1 polévková lžíce sojové omáčky
- 1/2 lžičky thajského pěti koření

INSTRUKCE:

1. Vezměte si wok.
2. Přidejte do woku omáčku hoisin, omáčku sriracha, nasekaný česnek, thajské koření a zázvor.
3. Přidejte omáčky do wok směsi.
4. Pokrm vařte deset minut.
5. Do směsi přidejte kousky sladkých brambor.
6. Sladký brambor dobře promíchejte a vařte patnáct minut.
7. Přidejte uvařenou rýži do mísy.
8. Navrch přidejte uvařenou směs.
9. Ozdobte čerstvými bylinkami.
10. Vaše jídlo je připraveno k podávání.

85.Kuřecí Satay Bowl

SLOŽENÍ:

- 1 polévková lžíce hoisin omáčky
- 1 polévková lžíce omáčky sriracha
- 1/2 šálku nakrájeného celeru
- 1 lžička rýžového vína
- 2 šálky vařené rýže
- 1 lžička čerstvého zázvoru
- 2 lžíce čerstvých bylinek
- 1 polévková lžíce rybí omáčky
- 1 polévková lžíce sojové omáčky
- 1/2 lžičky thajského pěti koření
- 1 šálek satay omáčky
- 2 šálky kuřecích kousků
- 1 lžička nasekaného česneku
- 2 polévkové lžíce rostlinného oleje

INSTRUKCE:

1. Vezměte si wok.
2. Přidejte do woku omáčku hoisin, omáčku sriracha, nasekaný česnek, thajské koření a zázvor.
3. Přidejte satay omáčku a další omáčky do směsi wok.
4. Pokrm vařte deset minut.
5. Do směsi přidejte kuřecí kousky.
6. Kuře dobře promíchejte a vařte patnáct minut.
7. Přidejte uvařenou rýži do mísy.
8. Navrch přidejte uvařenou směs.
9. Ozdobte čerstvými bylinkami.
10. Vaše jídlo je připraveno k podávání.

86.Smažené kuřecí maso a kukuřice

SLOŽENÍ:

- 3 polévkové lžíce ústřicová omáčka
- 1 polévková lžíce unseas1d rýžový ocet
- 1 lžička pražený sezamový olej
- 4 kuřecí stehna bez kůže a b1 (asi 1 lb.), nakrájená na 1" kousky
- Kóšer sůl
- 2 polévkové lžíce. kukuřičný škrob
- 4 polévkové lžíce rostlinný olej, dělený
- ½ malé červené cibule, nakrájené na plátky
- 4 stroužky česneku, nakrájené na plátky
- 1" kus zázvoru, oloupaný, jemně nasekaný
- ½ lžičky. (nebo více) Aleppský pepř nebo jiné jemné chilské vločky
- 3 klasy, jádra nakrájená z klasů
- Dušená rýže a lístky koriandru s jemnými stonky (k podávání)

INSTRUKCE:

a) Smíchejte ústřicovou omáčku, ocet, sezamový olej a 2 polévkové lžíce. voda v malé misce. Dát stranou.

b) Umístěte kuře do střední mísy. Dochutíme solí a posypeme kukuřičným škrobem; lehce přehodit na kabát. Zahřejte 2 polévkové lžíce. rostlinný olej ve velkém woku nebo nepřilnavé pánvi na středně vysoké. Kuře vařte za občasného promíchání, dokud nebude zlatohnědé a téměř propečené, 6–8 minut. Přidejte červenou cibuli, česnek, zázvor, pepř na způsob Aleppa a zbývající 2 polévkové lžíce. olej. Vařte, míchejte, dokud zelenina nezměkne, asi 2 minuty. Přidejte kukuřici a vařte za častého promíchávání, dokud nezměkne, asi 3 minuty.

c) Vmíchejte odloženou směs ústřicové omáčky a vařte za častého promíchávání, dokud se nezredukuje téměř na glazuru, asi 2 minuty. Ochutnejte a v případě potřeby dochuťte solí.

d) Podávejte restované s rýží, přelité koriandrem.

SUSHI MÍSKY

87.Deconstructed California Roll Sushi Bowl

SLOŽENÍ:

- 1 šálek sushi rýže, vařené
- 1/2 šálku imitace kraba nebo skutečného kraba, drceného
- 1/2 avokáda, nakrájené na plátky
- 1/4 okurky, julienned
- Sezamová semínka na ozdobu
- Nori proužky na polevu
- Sojová omáčka a nakládaný zázvor k podávání

INSTRUKCE:

1. Uvařenou sushi rýži rozprostřete do misky.
2. Navrch položte nastrouhaného kraba, plátky avokáda a nakrájenou okurku.
3. Na ozdobu posypte sezamovými semínky.
4. Nahoře proužky nori.
5. Podávejte se sójovou omáčkou a nakládaným zázvorem na boku.
6. Užijte si deconstructed California roll sushi bowl!

88.Deconstructed pikantní tuňák sushi mísa

SLOŽENÍ:

- 1 šálek sushi rýže, vařené
- 1/2 šálku pikantního tuňáka, nakrájeného
- 1/4 šálku fazolí edamame, dušené
- 1/4 šálku ředkviček nakrájených na tenké plátky
- Sriracha majonéza na podlévání
- Plátky avokáda na ozdobu
- Sezamová semínka na polevu

INSTRUKCE:

1. Uvařenou sushi rýži rozprostřete do misky.
2. Navrch položte nakrájeného pikantního tuňáka, dušené fazole eidamu a nakrájené ředkvičky.
3. Misku pokapejte majonézou Sriracha.
4. Ozdobte plátky avokáda a posypte sezamovými semínky.
5. Užijte si dekonstruovanou pikantní tuňákovou sushi mísu!

89.Deconstructed Dragon Roll Sushi Bowl

SLOŽENÍ:
- 1 šálek sushi rýže, vařené
- 1/2 šálku úhoře, grilovaného a nakrájeného na plátky
- 1/4 šálku avokáda, nakrájené na plátky
- 1/4 šálku okurky, julienned
- Úhoří omáčka na podlití
- Tobiko (rybí jikry) na zálivku
- Nakládaný zázvor k podávání

INSTRUKCE:
1. Uvařenou sushi rýži rozprostřete do misky.
2. Navrch položte grilované plátky úhoře, avokádo a nakrájenou okurku.
3. Mísu pokapejte omáčkou z úhoře.
4. Nahoře s tobiko.
5. Podávejte s nakládaným zázvorem na boku.
6. Užijte si dekonstruovanou sushi mísu Dragon roll!

SLOŽENÍ:

- 1 šálek sushi rýže, vařené
- 1/2 šálku pikantního lososa, nakrájeného na kostičky
- 1/4 šálku manga, nakrájeného na kostičky
- 1/4 šálku okurky, nakrájené na kostičky
- Pikantní majonéza na pokapání
- Zelená cibule na ozdobu
- Sezamová semínka na polevu

INSTRUKCE:

1. Uvařenou sushi rýži rozprostřete do misky.
2. Nahoru položte na kostičky nakrájeného pikantního lososa, nakrájené mango a na kostičky nakrájenou okurku.
3. Mísu pokapejte pikantní majonézou.
4. Ozdobte nakrájenou zelenou cibulkou a posypte sezamovými semínky.
5. Užijte si dekonstruovanou pikantní lososovou sushi mísu!

91.Deconstructed Rainbow Roll Sushi Bowl

SLOŽENÍ:

- 1 šálek sushi rýže, vařené
- 1/2 šálku kraba nebo imitace kraba, drceného
- 1/4 šálku avokáda, nakrájené na plátky
- 1/4 šálku okurky, julienned
- 1/4 šálku mrkve, julienned
- 1/4 šálku manga, nakrájeného na plátky
- Nori proužky na polevu
- Sojová omáčka a nakládaný zázvor k podávání

INSTRUKCE:

1. Uvařenou sushi rýži rozprostřete do misky.
2. Navrch naaranžujte nakrájeného kraba, plátky avokáda, okurku, mrkev a mango.
3. Nahoře proužky nori.
4. Podávejte se sójovou omáčkou a nakládaným zázvorem na boku.
5. Užijte si barevnou a dekonstruovanou sushi mísu Rainbow Roll!

92.Deconstructed krevety Tempura Sushi Bowl

SLOŽENÍ:

- 1 šálek sushi rýže, vařené
- 1/2 šálku krevetové tempury, nakrájené na plátky
- 1/4 šálku avokáda, nakrájené na plátky
- 1/4 šálku okurky, julienned
- 1/4 šálku ředkviček nakrájených na tenké plátky
- Tempura omáčka na podlévání
- Sezamová semínka na ozdobu

INSTRUKCE:

1. Uvařenou sushi rýži rozprostřete do misky.
2. Navrch položte nakrájenou krevetovou tempuru, avokádo, juliennovou okurku a nakrájené ředkvičky.
3. Mísu pokapejte omáčkou z tempury.
4. Na ozdobu posypte sezamovými semínky.
5. Užijte si dekonstruovanou krevetovou tempura sushi mísu!

93.Miska na pikantní tuňák a ředkvičky na sushi

SLOŽENÍ:

- 1 lb tuňáka na sushi, nakrájeného na kostičky
- 2 lžíce gochujang (korejská červená papriková pasta)
- 1 lžíce sójové omáčky
- 1 lžíce sezamového oleje
- 1 lžička rýžového octa
- 1 šálek ředkvičky daikon, julienned
- 1 šálek lupínkového hrášku, nakrájeného na plátky
- 2 šálky Tradiční sushi rýže, vařená
- Zelená cibule na ozdobu

INSTRUKCE:

1. Smíchejte gochujang, sójovou omáčku, sezamový olej a rýžový ocet, abyste vytvořili pikantní omáčku.
2. Nakrájeného tuňáka vhoďte do pikantní omáčky a dejte na 30 minut do lednice.
3. Sestavte misky s rýží Traditional Sushi jako základem.
4. Navrch dejte marinovaný tuňák, ředkvičku daikon julien a nakrájený hrášek.
5. Ozdobte nakrájenou zelenou cibulkou a podávejte.

SLOŽENÍ:

- 1 lb uzeného lososa, ve vločkách
- 1/4 šálku sójové omáčky
- 2 lžíce mirinu
- 1 lžíce nakládaného zázvoru, mletého
- 1 svazek chřestu, blanšírovaný a nakrájený na plátky
- 1 šálek cherry rajčat, napůl
- 2 šálky Tradiční sushi rýže, vařená
- Měsíčky citronu na ozdobu

INSTRUKCE:

1. Smíchejte sójovou omáčku, mirin a mletý nakládaný zázvor na marinádu.
2. Uzeného lososa vhoďte do marinády a dejte na 15-20 minut do lednice.
3. Vytvořte misky s vařenou rýží Traditional Sushi jako základem.
4. Navrch dejte marinovaný uzený losos, nakrájený chřest a cherry rajčata.
5. Ozdobte měsíčky citronu a podávejte.

95.Deconstructed Philly Roll Sushi Bowl

SLOŽENÍ:

- 1 šálek sushi rýže, vařené
- 1/2 šálku uzeného lososa, nakrájeného na plátky
- 1/4 šálku smetanového sýra, změkčeného
- 1/4 šálku okurky, julienned
- 1/4 šálku červené cibule, nakrájené na tenké plátky
- Všechno bagetové koření na polevu
- Kapary na ozdobu

INSTRUKCE:

1. Uvařenou sushi rýži rozprostřete do misky.
2. Navrch naaranžujte nakrájeného uzeného lososa, změklý smetanový sýr, nakrájenou okurku a na tenké plátky nakrájenou červenou cibuli.
3. Na polevu posypeme vším bagetovým kořením.
4. Ozdobte kapary.
5. Užijte si dekonstruovanou sushi mísu Philly Roll!

SLOŽENÍ:
- 1 šálek sushi rýže, vařené
- 1/2 šálku krevet, smažených nebo vařených tempura
- 1/4 šálku pikantní majonézy
- 1/4 šálku avokáda, nakrájeného na kostičky
- 1/4 šálku okurky, nakrájené na kostičky
- Tobiko (rybí jikry) na zálivku
- Zelená cibule na ozdobu

INSTRUKCE:
1. Uvařenou sushi rýži rozprostřete do misky.
2. Navrch položte tempura smažené nebo vařené krevety.
3. Mísu pokapejte pikantní majonézou.
4. Přidejte na kostičky nakrájené avokádo a okurku.
5. Nahoře s tobiko.
6. Ozdobte nakrájenou zelenou cibulkou.
7. Užijte si dekonstruovanou sushi mísu Dynamite Roll!

97.Deconstructed Veggie Roll Sushi Bowl

SLOŽENÍ:

- 1 šálek sushi rýže, vařené
- 1/2 šálku tofu, nakrájené na kostky a osmažené na pánvi
- 1/4 šálku avokáda, nakrájené na plátky
- 1/4 šálku okurky, julienned
- 1/4 šálku mrkve, julienned
- 1/4 šálku červené papriky, nakrájené na tenké plátky
- Sojová omáčka a dresink ze sezamového oleje
- Sezamová semínka na ozdobu

INSTRUKCE:

a) Uvařenou sushi rýži rozprostřete do misky.
b) Navrch položte na pánvi osmažené tofu, plátky avokáda, nakrájenou okurku, mrkev a nakrájenou červenou papriku.
c) Pokapejte směsí sójové omáčky a sezamového oleje na dresink.
d) Na ozdobu posypte sezamovými semínky.
e) Vychutnejte si dekonstruovanou mísu na sushi Veggie Roll, osvěžující a rostlinnou variantu!

98.Chirashi uzená makrela

SLOŽENÍ:

- ½ okurky
- ¼ lžičky jemné soli
- 200 g (7 uncí) filé z uzené makrely, bez b1, bez kůže
- 40 g (1½ unce) nakládaného zázvoru, jemně nasekaného
- 1 jarní cibulka (cibulka), nakrájená nadrobno
- 2 lžičky jemně nasekaného kopru
- 2 lžíce pražených bílých sezamových semínek
- 800 g (5 šálků) seas1d sushi rýže
- 1 list nori, natrhaný na kousky
- tmavá sójová omáčka, k podávání

INSTRUKCE:

a) Okurku nakrájíme na co nejtenčí plátky a posypeme solí. Okurku lehce potřete a nechte 10 minut působit. To pomůže odstranit přebytečnou vodu z okurky, aby zůstala křupavá.

b) Z okurky rukou vymačkejte přebytečnou vodu.

c) Uzenou makrelu nalámeme na malé kousky.

d) Do rýže přidejte okurku, uzenou makrelu, nakládaný zázvor, jarní cibulku (párkovou cibulku), kopr a bílé sezamové semínko. Dobře promíchejte, aby se ingredience rovnoměrně rozprostřely.

e) Podávejte v jednotlivých miskách nebo 1 velké misce pro sdílení. Posypte nori a podle chuti pokapejte tmavou sójovou omáčkou.

99.Oyakodo (losos a lososová jikra)

SLOŽENÍ:
- 400 g (2½ šálků) seas1d sushi rýže

PLEVA
- 400 g (14 oz) lososa kvality sashimi
- 200 g (7 uncí) marinovaných lososových jiker
- 4 baby shiso listy
- plátky limetky nebo citronu

SLOUŽIT
- nakládaný zázvor
- wasabi pasta
- sójová omáčka
- proužky nori (volitelné)

INSTRUKCE:
a) Lososa nakrájíme na tenké plátky. Ujistěte se, že nakrájíte přes zrno, aby byla ryba křehká.

b) Umístěte sushi rýži do 4 samostatných misek a srovnejte povrch rýže. Navrch dejte sashimi losos a lososové jikry. Ozdobte lístky baby shiso a plátky limetky nebo citronu.

c) Podávejte s nakládaným zázvorem jako čistič patra a wasabi a sójovou omáčkou podle chuti. Pokud chcete, posypte proužky nori pro větší chuť.

100.Miska pikantní humr sushi

SLOŽENÍ:

- 1½ šálku (300 g) připravené tradiční sushi rýže
- 1 lžička jemně nastrouhaného kořene čerstvého zázvoru
- 1 8 oz (250 g) dušený humří ocas, zbavená skořápky a nakrájená na medailonky
- 1 kiwi, oloupané a nakrájené na tenké plátky
- 2 čajové lžičky mleté zelené cibule (párky), pouze zelené části
- Hrst spirálově řezané daikon ředkvičky
- 2 snítky čerstvého koriandru (proužky koriandru)
- 2 lžíce Dragon Juice nebo více podle chuti

INSTRUKCE:

a) Připravte sushi rýži a dračí šťávu.

b) Před rozdělením sushi rýže do 2 malých servírovacích misek si namočte konečky prstů. Jemně zplošťte povrch rýže v každé misce. Lžící rozprostřete ½ čajové lžičky nastrouhaného kořene čerstvého zázvoru na rýži v každé misce.

c) Rozdělte humří medailonky a kiwi na 1/2. Střídejte 1 1/2 plátků humra s 1 1/2 plátky kiwi na rýži v 1 misce, ponechte malý prostor nezakrytý. Opakujte vzor v druhé misce. Do přední části každé misky nasypte 1 lžičku nasekané zelené cibule. Rozdělte spirálovitě nakrájenou ředkvičku daikon mezi 2 misky a vyplňte prázdný prostor.

d) Chcete-li podávat, podložte 1 snítku čerstvého koriandru před ředkvičku daikon v každé misce. Nalijte 1 polévkovou lžíci dračí šťávy na humra a kiwi v každé misce.

ZÁVĚR

Až se dostanete na poslední stránky „Cesta kolem světa ve 100 miskách s rýží", doufáme, že jste si užili kulinářskou cestu, která vás zavedla do vzdálených destinací a představila vám svět chutí a tradic. Od pikantních ulic Bangkoku až po aromatické kuchyně Indie, každá miska rýže nabídla ochutnat bohatou tapisérii světové kuchyně.

Tady ale naše cesta nekončí. Až se vrátíte domů ze svého kulinářského dobrodružství, doporučujeme vám pokračovat v objevování rozmanitého světa rýžových misek, experimentování s novými ingrediencemi, příchutěmi a technikami. Ať už vytváříte svá oblíbená jídla z knihy nebo vymýšlíte své vlastní kulinářské výtvory, nechte svou fantazii být vaším průvodcem, když se pustíte do nových gastronomických dobrodružství.

Děkujeme, že jste se k nám připojili na této chutné cestě kolem světa. Ať vzpomínky na pokrmy, na kterých jste si pochutnávali, přetrvávají ve vašich chuťových pohárcích a ať vás duch kulinářského objevování i nadále inspiruje ve vašem kuchyňském snažení. Dokud se znovu nepotkáme, přeji příjemné vaření a dobrou chuť!

Milton Keynes UK
Ingram Content Group UK Ltd.
UKHW020739010424
440421UK00014B/899

9 781836 234999